TCG TANABE CONSULTING

M&A成長戦略

タナベコンサルティンググループ
M&Aコンサルティング事業部
丹尾渉 著
戦略総合研究所 監修

ダイヤモンド社

はじめに

なぜ、老舗の経営コンサルティング会社がM&Aを始めたのか

タナベコンサルティンググループ 専務取締役　南川典大

「M&Aを事業化できないか」。タナベコンサルティンググループ（TCG）の若松孝彦社長、長尾吉邦副社長、そして私とのミーティングのなかで話が出た。二〇一七年一月のことである。

一九五七年創業のTCGは、日本の経営コンサルティング業界のパイオニアであり、五社のグループ会社を擁する東証プライム上場企業である。中核事業会社のタナベコンサルティングは北海道から沖縄まで全国一〇事業所と、専門部隊であるストラテジー&ドメイン、デジタル、HR（ヒューマンリソース）、コーポレートファイナンス、M&A、ブランド&PRの六つのセグメント体制からなる。

創業以来、自らを〝ビジネスドクター〟と位置付け、トップマネジメントへのアプローチによるチームコンサルティングを展開してきた。私自身も経営コンサルタントとして三〇年、計

五〇〇〇社を超える経営相談を受け、規模・業種を問わず七〇〇社以上の企業を支援してきた。

老舗の経営コンサルティング会社であるＴＣＧが手掛けるＭ＆Ａ事業とは、どのようなモデルであるべきか？　まず、その前提となる背景には次の二点があった。一つは、長年の付き合いがあるクライアントから第三者承継に伴う相談が増えたこと。そしてもう一つは、企業の成長戦略の構築においてＭ＆Ａが必要不可欠な経営技術となったことである。

そこでＰＥＳＴ分析※などを行い、次の骨子を定めた。①当社は後発のため他のＭ＆Ａ仲介会社とは一線を画すモデルとする、②全国三〇〇行を超える金融機関とのネットワークを生かして一万社のクライアントの企業価値向上に資するモデルとする、③ＴＣＧ内の他のコンサルティングセグメントとのシナジー（相乗効果）を生むモデルとする、という三つだ。

Ｍ＆Ａはあくまで手段である。会社をモノのように扱い、譲渡契約の数だけを追うＭ＆Ａサービスは当社にはそぐわない。では、Ｍ＆Ａの本質とは何か。それは「つなぐ」ことである。企業には歴史、人材、ノウハウとブランドがある。特に、オーナー経営者にとって自分の会社は先祖から引き継がれた命の次に大事なものである。オーナーは代わっても、経営は引き継ぐ。企業の進む道は存続、売却、廃業、倒産の四つといわれるが、売却もまた、存続の一つである。譲受企業は、譲渡企業を引き継ぎ、企業価値を高める。企業数が減少して繁栄する地域はない。Ｍ＆Ａは社会価値が高い行為であり、「企業を愛し、企業とともに歩み、企業繁栄に奉仕し、広く社会に貢献する」という当社の経営理念に沿う。そのためサステナブルな経営技術の一つとしてM&Aを捉えた。

この骨子に沿ったビジネスモデルが「経営をつなぐ、唯一無二のM&A一貫コンサルティング」である。事業モデルの特徴は、M&Aサービス単体ではなく、プレM&Aである中長期ビジョンやM&A参入戦略策定→譲渡企業対象となるリストの策定→M&Aサービス（ソーシングからエグゼキューション）→後工程であるPMI（統合作業）まで一貫して行うことである。PMIも「一〇〇日プラン」といわれる譲渡契約締結後の経営統合サービスだけでなく、ホールディングス化やグループ経営システム設計、譲渡企業に送り込むグループ経営者育成、人事制度やDXなど、周辺サービスをトータルでサポートする。

譲受側のクライアントからは、「M&A専門会社はたくさんある。コンサルティング会社もたくさんある。しかし、どのような会社を買えばシナジーが発揮できるのかという戦略からM&Aサービス、そしてPMIまで安心して任せられる会社はタナベさんしかなかった」などのありがたい声を頂戴することも増えた。コンサルタント冥利に尽きる瞬間だ。譲渡企業にとっ

※PEST分析：政治（P／ポリティクス）、経済（E／エコノミー）、社会（S／ソサエティー）、技術（T／テクノロジー）の四つの外部環境要因から自社への影響を読み解く分析手法

ても、送り出した会社の行く末が見えることから安心していただける。

もちろん、すべてが一貫モデルではなく、個別サービスも提供している。ファイナンシャルアドバイザリーや仲介サービスだけでなく、経営コンサルティング会社だからデューデリジェンス（ＤＤ／買収調査）も得意である。財務ＤＤだけでなく、ビジネスＤＤ、人事・労務ＤＤも手掛けている。これらのサービス特徴から、当社ではＭ＆Ａサービスを「Ｍ＆Ａコンサルティング」と称している。

二〇一七年四月、金融機関担当部門の責任者であった三浦保夫をリーダーにキックオフ、その後に若松、長尾とコーポレート戦略本部の隅田直樹との打ち合わせを重ね、現リーダーである丹尾渉に小野樹と文岩繁紀、鈴木明子などが加わり、二〇一八年四月からＭ＆Ａ事業としてスタートした。二〇二一年にはファイナンスのプロフェッショナル集団である「グローウィン・パートナーズ」がグループ会社として参入。同社は公認会計士が多く在籍しており、上場企業を中心にＭ＆Ａの支援で六〇〇社を超える実績を誇る。Ｍ＆Ａのグローバルネットワークである「Ｍ＆Ａ ＷＯＲＬＤＷＩＤＥ」にも加盟し、Ｍ＆Ａによる海外進出も支援するほか、バックオフィスのＤＸ支援などの部門も有している。

グローウィン・パートナーズのグループインにより、中小企業から上場企業、国内Ｍ＆Ａに加え、海外Ｍ＆Ａ（クロスボーダーＭ＆Ａ）とフルラインアップでＭ＆Ａをサポートする体制も整った。

現在では、次の二つの領域を柱にＭ＆Ａコンサルティングを行っている。

一つは「戦略×成長Ｍ＆Ａ」。「変化をマネジメントし、企業価値を高める」をコンセプトとする、クロスボーダーＭ＆Ａも含めた成長領域でのＭ＆Ａ一貫コンサルティングである。新型コロナの「５類感染症」移行やウクライナ・ガザ侵攻の勃発など、企業を取り巻く環境は激変した。さらに日本は少子高齢化・人口減少の構造変化に加え、三〇年も続いたデフレ経済からインフレ経済へと潮流が変わろうとしている。企業は「環境適応業」だ。これらの変化に適応するため事業ポートフォリオの再構築を進め、新しい事業の買収とノンコア事業の売却などＭ＆Ａをシームレスかつスピーディーに行う必要がある。その戦略と投資判断が一〇年後の企業の存続を決めるのだ。実際、昨今の当社は既存顧客に加え、新規の中堅・大企業、上場企業からの引き合いが増えている。

もう一つは「ＭＩＲＡＩ（未来）承継」。「資本は代わっても経営を未来へつなぐ」をコンセプトとした、事業承継領域でのＭ＆Ａ一貫コンサルティングである。二〇二三年の休廃業・解散件数は四万九七八八件（東京商工リサーチ調べ）、それに対し事業承継Ｍ＆Ａは六九七件（レコフデータ調べ）と全廃業数の一パーセント程度に過ぎず、まだまだ事業承継Ｍ＆Ａを増やす必要がある。当社が提唱するＭＩＲＡＩ承継は、最初にＭ＆Ａありきではなく、資本政策、組織、人材、経営システムに至るまで企業のライフステージにおけるあらゆる承継問題を解決する、オールインワン・ソリューションだ。これらが評価され、国や自治体と連携した事業承継・M&Aセミナーも増えつつある。

新規事業のM&A事業を〝創業〟して六年。M&Aの支援件数はTCG全体で七五〇件を超えるまでに成長し、ロンドン証券取引所グループ傘下のリフィニティブが発表した二〇二三年「日本M&Aレビュー」において、タナベコンサルティングが一四位と三年連続、グローウィン・パートナーズも二五位と一五年連続のランクインを果たした。

本書は、当社がそのM&A実務のなかで培った〝経験科学〟をまとめたものである。M&Aの手順を記しただけのノウハウ本ではない。先述のM&Aの目的に沿い、経営コンサルティング会社が提供した生々しいM&Aの〝現場〟を許せる限り活字化し、図やチェックリストなどを用い、再現性を担保した。また、近年、国もM&A支援を強化している。補助金や税制優遇措置など、これからM&Aに着手する方々にも活用しやすいように整理した。

執筆のメンバーは、私と共にゼロからM&Aコンサルティング事業を立ち上げた〝創業メンバー〟であり、さまざまな難局を共に乗り越えてきた頼もしいメンバーである。全体構成と第1章は丹尾渉、第2章～第6章は丹尾に加え小野樹と文岩繁紀、三谷博孝が執筆した。いずれのメンバーも、若いがM&Aの支援経験は豊富なメンバーである。

本書の制作に当たっては、執筆者である四名はもちろん、タナベコンサルティングのM&Aコンサルティング事業部メンバー、全国の事業所にいるリージョンM&Aメンバー、グローウィン・パートナーズの皆さん、このような機会をいただいた若松社長、長尾副社長、サポートいただいた戦略総合研究所、コーポレート戦略本部のスタッフ、そして何よりも当社にM&Aコンサルティングをご依頼いただいた多くのクライアントの皆さんのおかげであり、心から感謝を申し上げる。

本書が、企業変革とサステナブルな成長に日夜励まれている経営者、資本は代わっても会社は残したいと悩まれているオーナー社長の一助になれば幸いである。

二〇二四年三月

M&A 成長戦略◎目次

CONTENTS

CONTENTS

CONTENTS

第1章

M＆Aを実行する企業の光と影

1 ある会社のM&Aの取り組み

M&Aは上場企業のみならず、今や中堅・中小企業からも市民権を得た経営手法といっても過言ではないだろう**【図表1－1】**。M&Aは短期間で既存事業の強化や事業ポートフォリオの転換、業績の向上に寄与し、広く企業で活用されている。しかし、一方で、M&Aの実行前に想定していたシナリオと異なる結果になる事例も少なくない。M&Aは不動産のように、ある一定の計算方法に従って時価が決定する現物取引のようなものではない。生きた「企業」の存続・廃業をかけたやりとりである。そこには企業で働く役員・従業員の意思や取引先との関係、ビジネスモデルといったさまざまな要素が影響しているため、それらの将来像を読み解くことは容易ではない。

本章では、まずM&Aを通じて企業価値向上の礎を築いた事例と、当初に思い描いていた結果を出せなかった事例の二つを紹介する。同じM&Aの手法を活用しながら、同じ結果にならなかった両社には、どのような違いがあるのだろうか。その違いを分析することで、M&Aを進める際に陥りがちなポイントを整理したい。

【図表 1-1】中堅・中小企業の過半数が「M&A に興味・関心あり」

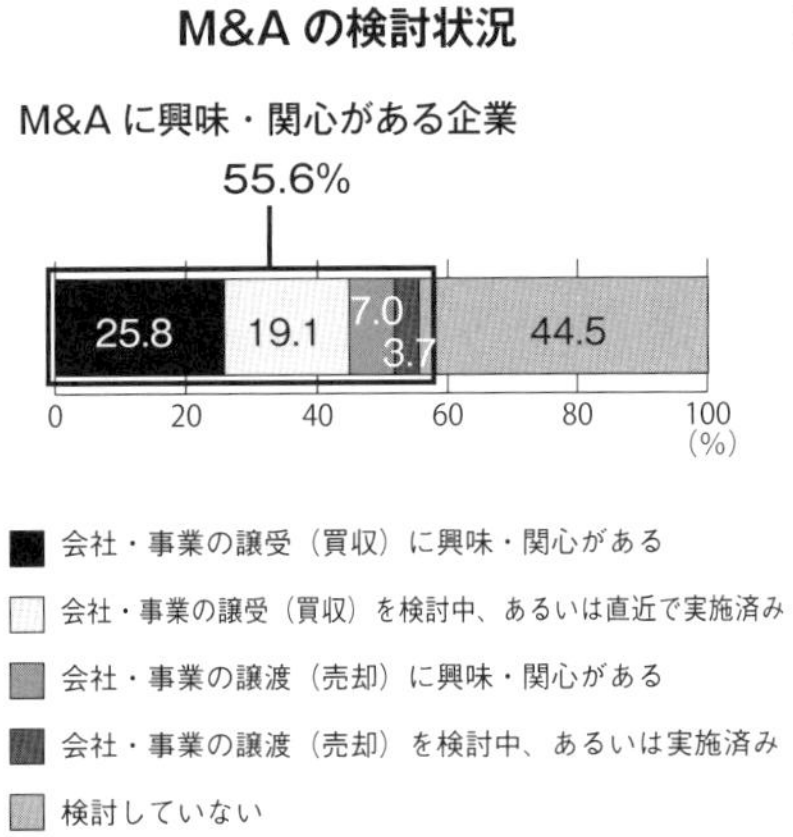

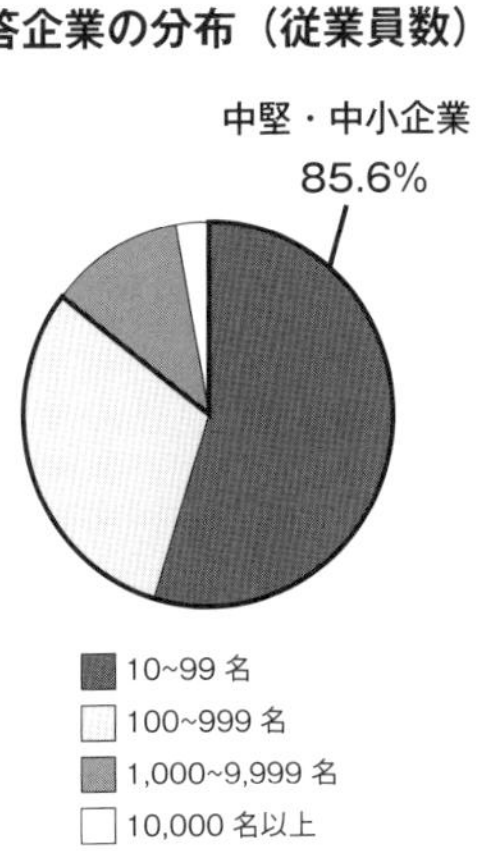

出所：タナベコンサルティング「2023 年度 M&A・事業承継に関するアンケート」をもとに TCG 加工・作成

（1）企業価値向上に資するM＆Aの事例

建設業A社（年商一二〇億円、譲受側）は、製造業B社（年商一〇億円、譲渡側）を一〇〇パーセント株式譲渡で譲り受けた。M＆Aの多くは同業の企業を譲り受けるパターンが多い。同業であれば、ある程度の事業内容を把握しやすいため、M＆Aにかかる時間を短縮できる上、仮に譲渡企業の業績が悪化していても、譲り受ける企業は自社のノウハウを活用してリカバリーしやすいという利点があるためだ。しかし、本件は異業種同士のM＆Aであった。

そもそもA社でM＆Aが検討される発端となったのは、グループビジョンであった。今後のグループの成長戦略を描くなかで、グループ会社間のシナジー（相乗効果）をどのように創出していくかを検討したところ、グループ内でのやりとりだけでなく、不足している機能を外部からいかに獲得するかがポイントとなった。A社では自社と同じ建設業だけでなく、その周辺領域も対象にビジネスモデルを構築しようと考え、それに見合った企業をM＆Aで譲り受けることにより、シナジーを最大化させることをビジョンに盛り込んだ。M＆Aの対象は当然、異業種も入っていた。

A社のグループビジョンの内容を把握したTCGでは、工場内設備を製造しているB社に着目し、M＆Aの候補企業としてA社へ提案した。B社の事業はA社にとって周辺領域に該当するものであった。

一方のB社側も、M＆A（事業譲渡）を検討していた。その背景には「事業承継の課題」と「社内体制の立て直し」があった。B社の代表取締役は八〇歳を超え、社内に後継者がいなかったため、親族内承継や社内承継ではなく、外部の第三者への承継を決断した。事業に関しては、これまで培ってきたビジネスモデルをもとに、従業員主導で日々の営業や製造は滞りなく回っていた。しかし、今後の戦略については、八〇歳代の代表取締役を含め、主導して発信する役員や管理職が見当たらず、業績向上に向けた事業戦略・経営戦略の検討が急務であった。そのような状況のなかで、B社はA社と出合った。

B社のA社に対する第一印象は、異業種である自社の事業をどこまで把握してもらえるのか、

【図表 1-2】株式譲受（譲渡）

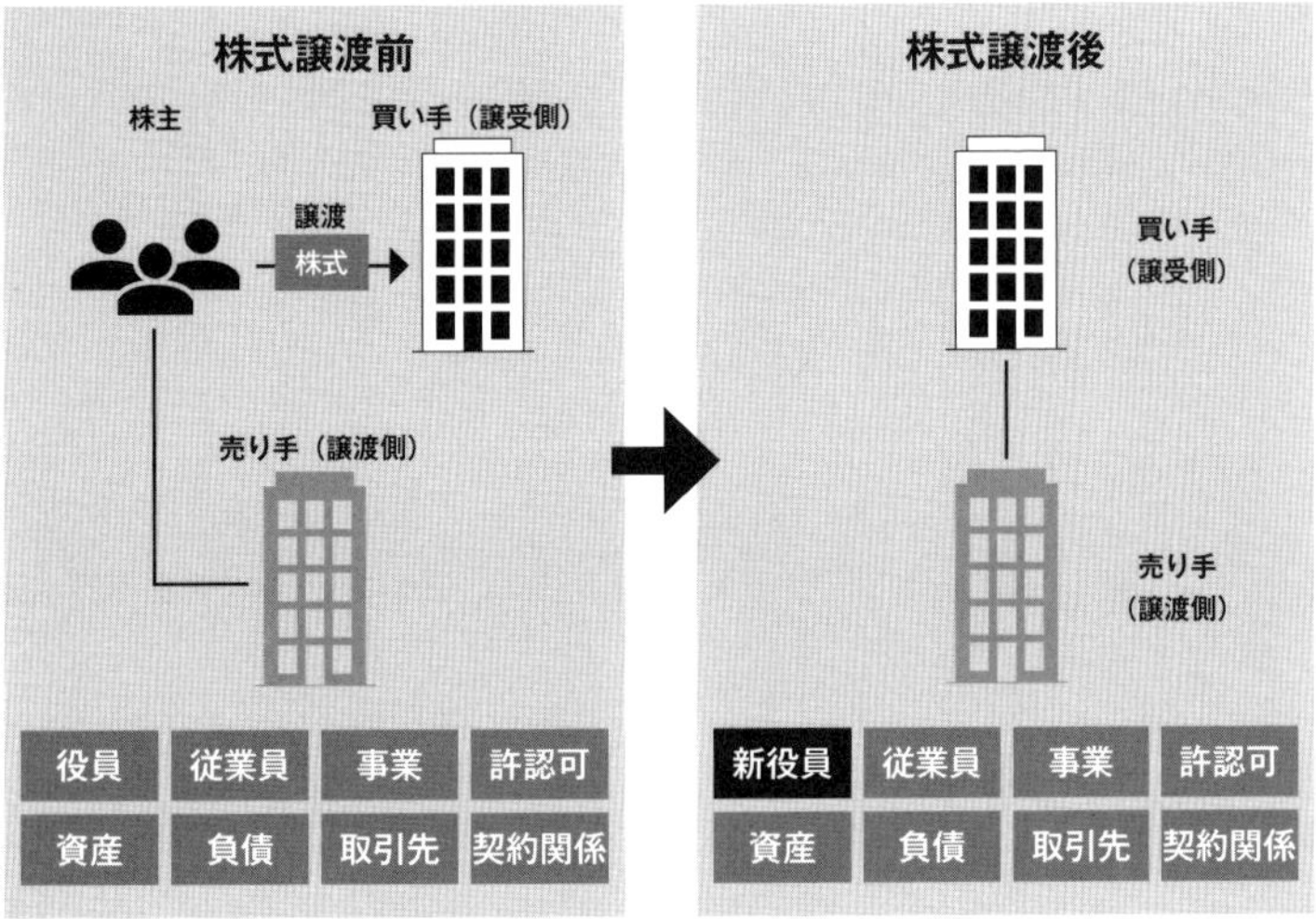

という不安であった。だが、この不安はすぐに解消されることとなる。それは、A社が過去にB社の製品を目にしており、交渉の早い段階からB社の事業に理解を示すことができたからである。また、A社はこれまでに複数回のM＆Aを実施しており、そのいずれにおいても従業員を解雇したことがないという実績もあった。この点がB社に安心感を与えることとなった。

本件のディール（M＆Aの一連の取引）の争点は、異業種であるA社がB社の事業を成長させることができるのか、さらにいえば、A社は譲り受けた直後からB社のビジネスモデルを再現することができるかどうか（事業の再現性）である。この点について、交渉を重ねる上で重要な役割を果たしたのは、A社がグループビジョンで掲げた「グループ会社間のシナジー」である。グループビジョンにおいて異業種も含めたビジネスモデルの整理を行ったため、B社に対して説得力のある内容で事業戦略を説明することができた。

また、当時のB社は大手企業からの引き合いが売上げの中心を占めており、業界内では一定のブランド力を有していた。そのため、今後の課題は、いかにして営業力を強化していくかであった。この点に対し、A社が工場建設を手掛ける際にB社製品を一緒に提案したり、A社とB社が互いのクライアントに営業活動（クロスセル）を行ったりなどして、シナジーが見込めるのではないかとの結論に至った。

両社は複数回の面談と交渉を経て、晴れて株式譲渡契約を締結し【図表1－2】、同じグループとなった。A社は譲り受けた直後からB社へ役員と担当者を派遣し、B社内の現状認識と体制構築を緩やかに進め一体感を醸成した。その結果、B社は新たな指揮官を得たことで、役員の派遣直後から従業員の動きが活発になり、当初心配していた事業の再現性を支えている。最終的な成果を評価するには、さらに複数の事業年度を経る必要があるが、本件はグループシナジーによる企業価値の向上が見込める、異業種間M&Aの好事例といえる。

（2）「情報の非対称性」が課題となったM＆Aの事例

金属加工業C社（年商非公開、譲受側）は、同業D社（年商五億円、譲渡側）を一〇〇パーセント株式譲渡で譲り受けた。C社はD社の株式を譲り受ける際に分割での支払いを提案し、D社株主はこの提案を受け入れた。そこでC社は株式譲渡にかかる対価二億円のうち、半額の一億円をクロージング日（株式譲渡や対価決済などの取引実行日）に支払い、残金を半年後に支払う予定とした。

株式の譲渡対価は通常、クロージング日に一括で支払われることが多いが、譲渡側の会社の内情が把握できていないなどの理由で担保として、譲渡側の同意をもって行われる分割支払いにするケースがある。譲渡側にとっては、一括で対価を得られないので不利ではあるが、双方が同意すれば可能である。C社はD社株主の気が変わらないうちに早くクロージングを行いたいと考え、一方のD社株主も早くクロージングを行って株式の引き継ぎ先を決めたいという思いがあったため、分割での支払い契約を含む内容でSPA（株式譲渡契約書／ストック・パーチェス・アグリーメント）の締結を進めた。

ここまでは、分割払いを除いて一般的な事業承継M＆Aの流れと同様であった。問題は、C社の半年後の残金支払いのタイミングで起こった。D社は当初想定した売上高を上げることができず、その状況でD社株主に対して残金一億円を支払うタイミングが到来したのだ。なぜ、このような状況に陥ったのであろうか。

原因の一つは、単純にD社の業績悪化だった。実は、D社は人材不足もあって主要得意先からの受注をすべてさばき切れておらず、また施工中の現場においても質の高いサービスを提供できていなかったため、各方面でクレームが発生していた。特に、得意先のクレームは会社の評判（レピュテーション）を低下させる。その結果、D社への引き合いが目に見えて減り始めた。しかし、クレームの影響がD社の業績に表れ出したのは、M＆Aの交渉が完了した数カ月後だった。C社が交渉時に確認していたD社の試算表はクレーム発生前の業績であったため、当然ながら交渉後のD社の業績悪化は知るよしもなかった。

本来、譲受側はSPAの締結前に行うDDを通じて譲渡側を調査し、実態を把握する必要がある。C社もDDは資料のチェックとヒアリング・現場視察を中心に実施した。ただし、将来の業績予測を精査するには、提示資料が少なかった。そのため、現状認識で捉え切れない部分が生じた要因となってしまった。最終的には、ヒアリングのなかで、D社株主から注文をさばき切れていない点について若干の言及はあったが、「引き合いは順調にありますし、まあ大丈夫でしょう」というD社の言葉があったことも影響している。

もともとM＆Aでは、譲受側と譲渡側との間に情報格差が存在する。譲受側が、譲渡側に対

【図表 1-3】M&A と PMI の目的

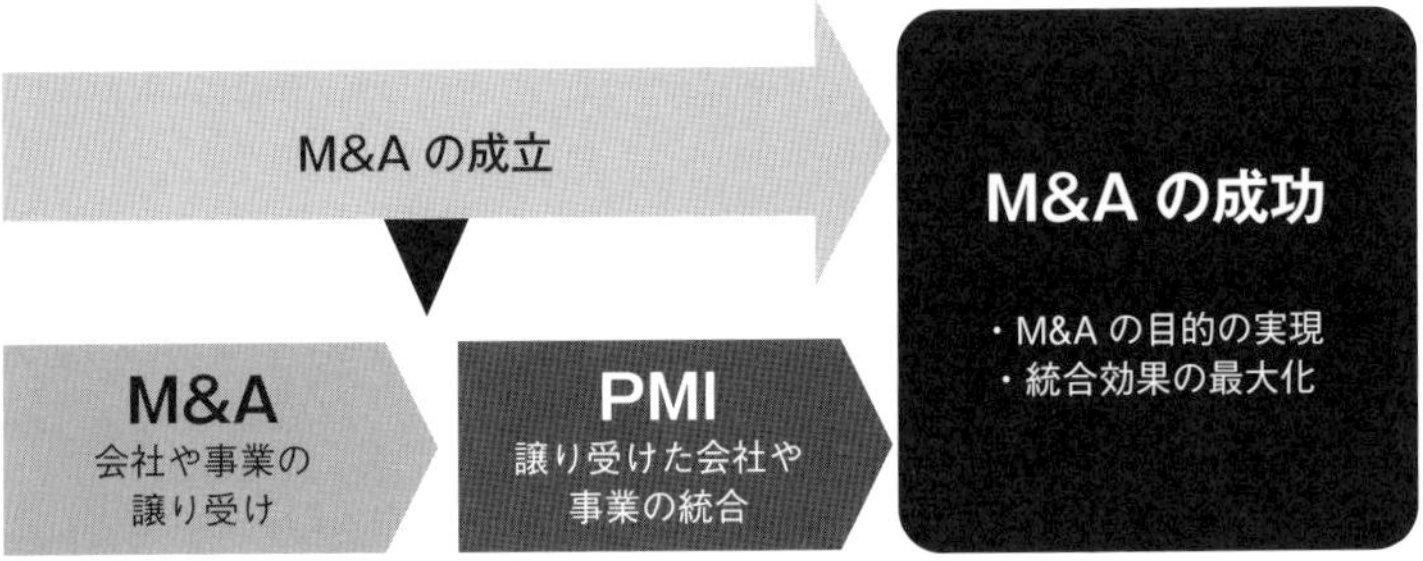

出所：中小企業庁「中小 PMI ガイドライン」

して数カ月先の受注状況の見通しを質問しても、譲渡側は自己の不利になりそうな情報はなるべく良く見せたいと考えるのが一般的な心理である。したがって、譲受側は情報の受け取り方に齟齬がないよう、質問だけではなく契約書の内容も確認し、譲渡側の出す情報の「確かさ」を高めていく必要がある。どこまで現状を詳細に伝えるかはＤ社にかかっており、また、それをどのように解釈するかはＣ社にかかっている。

本件は、このＤＤを実施する際に、先行きの受注状況や得意先との関係に対する定量・定性的な情報が不足していた。そのことが、半年後に業績不振という形となって表面化したといえる。

もう一つの原因は、ＰＭＩ（統合作業／ポスト・マージャー・インテグレーション）の時点でＤ社のマイナスの部分が出始めており、Ｃ社が対策を講じるための時間が短かったことである。ＳＰＡ締結後は、譲受側と譲渡側が一致協力して企業を成長させていくＰＭＩ**【図表１-３】**のフェーズに入ることが一般的である。

ＰＭＩとは、Ｍ＆Ａの合意が成立した後の統合プロセスの作業（経営方針・業務ルールの統一や従業員意識の融合など）をいう。Ｍ＆Ａは譲受側と譲渡側が合意に至るまでのプロセスで最も苦労すると思われがちだが、実は合意成立後のＰＭＩのほうが厄介な作業なのである。Ｍ＆Ａを積極的に行うことで知られるニデック（旧・日本電産）の永守重信会長兼ＣＥＯ（最高経営責任者、当時）も、「登山に例えれば、Ｍ＆Ａは契約の時点で二合目しか登っていない。残りの八合分は企業文化の違いを擦り合わせる『ＰＭＩ』という手間のかかる作業で、これがまた難しい」（二〇一二年八月一〇日付『日本経済新聞』）と述べている。

ＰＭＩのフェーズは、一方が他方にお任せの状態ではうまくいかないことがほとんどである。本件では、Ｃ社がＤ社の経営を引き継いだ時点で、得意先との関係性の修復、成約の見込みが高い受注案件の絞り込みなど、事業の運営面でのサポートが急務であった。集中的なテコ入れをする時間が限られていたことが、軌道修正を難しくした一因といえる。

譲受側と譲渡側の情報の非対称性を考えると、譲渡側の開示情報が現状を正しく捉えた情報であるかどうか（譲渡側に有利な表現・ニュアンスになっていないか）を譲受側が慎重に確認しなければ、Ｍ＆Ａでは当初想定した結果を得られないということである。どちらに責任があるか、という話ではなく、双方が協力し合わないと思った方向には進まないのがＭ＆Ａだということを強く感じさせるケースであった。本件は、結果として譲受側に求められる負担が大きかった事例といえる。なお、最終的に本件は、C社が残金の支払いをさらに延期することで双方が合意した。

（3）二つの事例から見るM＆Aで陥りがちな罠

M＆Aの目的は譲受側と譲渡側で異なる。譲受側の目的は、新たな経営資源の獲得による収益拡大（売上高の上昇や利益率の向上）である。一方、譲渡側は事業承継（後継者不在の解消）や資本増強（大手企業のリソース活用）、あるいは創業者利益（創業者の自社株売却によるキャピタルゲイン）などが考えられる。

前述の二事例（A社＆B社、C社＆D社）は、いずれも譲受側と譲渡側の目的は満たしている。しかし、その結果には違いが現れた。この違いはどこから生まれてくるのだろうか。この疑問の解はこれから各章で後述していくことになるが、本章ではまず大きく三つの視点を示したい。

一つ目は、「M＆Aが目的化していないか」ということである。M＆Aを実施することがゴールになってしまうと、ディールを進めるに当たり行われる一連のプロセスが簡略化される場合がある。M＆Aにおける各種プロセスは、リスクヘッジの観点からはどれも抜けてはならない「手続き」である。M＆Aのプロセスを理解し、どれを省略するのかではなく、実施範囲をどうするかという判断基準からディールのスピードを考える必要がある。

二つ目は、「M&Aに関する事前準備」である。譲受側でいえば、M&Aのターゲットの具体化や投資条件の設定など、いわゆるM&A戦略を持ち合わせているかどうかという点に集約される。よりさかのぼると、M&Aを実行するもととなる中長期ビジョン・中期経営計画の有無にもつながる。譲渡側でいえば、自社の強みの整理を行い、譲受側に対して効果的に自社のアピールができるかどうかということになる。M&Aの成功確率は準備の出来具合によって大きく変わる。

三つ目は、「M&Aで実現したいことの想定」である。譲受側であればM&Aによる事業の成長、譲渡側であればM&Aを通じて事業存続や効率的な事業運営を図るといったことである。譲受側と譲渡側が一緒になることでシナジーを生み出し、グループ全体の業績向上や企業風土の改善が成し遂げられることが重要である。これらが外部から評価されることによって「企業価値」になるのである。近年は企業価値の向上がよく叫ばれるが、極論すると、M&Aによって自社を「ありたい姿」へ変革させるイメージが、事前にできているかということである。

これら三つの視点を持っていると、M&Aの実行において可能な限り良い方向へ進むことができる。もちろん、M&Aを「成功」させることは一筋縄ではいかないが、想定した方向へと導くことはできるはずである。

2 「戦略なきM＆Aは失敗する」

実をいうと、M＆Aは企業規模にかかわらず、実施時のプロセスがほぼ同じである。譲渡対価が何百億円の案件でも、何千万円の案件でも、基礎となっているM＆Aの進め方は一緒である。

このようなM＆Aの源流は一九八〇年代末にさかのぼる。一九八五年の「プラザ合意」で急激に円高が進み、それを契機として日本企業の対外直接投資が急増。豊富な「ジャパン・マネー」を背景に、特に米国での大型買収が世を賑わせた。ソニー（現・ソニーグループ）によるコロンビア・ピクチャーズ・エンターテインメントの買収（一九八九年九月、四八億ドル＝当時約六七〇〇億円）、三菱地所によるロックフェラーグループの買収（同年一〇月、八億四六〇〇万ドル＝同約一二〇〇億円）、松下電器産業（現・パナソニックホールディングス）によるMCA（現・NBCユニバーサル）の買収（一九九〇年一一月、六一億三〇〇〇万ドル＝同約七八〇〇億円）などである。

しかし、名だたる日本企業が米国の名門企業を多額の資金で買収する「劇場型」M＆Aは過去のものとなった。四半世紀以上が経過した今では、前述したように中堅・中小企業にも経営戦略や経営技術の一つとして定着した。一方、上場企業に限らず、中堅・中小企業がM&Aマーケットに参戦するなかで、さまざまな課題も浮き彫りになっている。その一つが、M&Aは手段だという観点を忘れてしまうプレーヤーが多いということである。

M&Aが大手企業から中堅・中小企業に広がるにつれて、より重要性を増しているのが、「M&Aによって何を実現したいのか」という根幹部分である。これは「場当たり的なM&Aではなく、戦略に基づいたM&Aが実行できているかどうか」という経営者自身への問いかけでもある。経営資源には限りがある。とりわけ、上場企業のような投資余力がない中堅・中小企業にとっては、M&Aの一つ一つが重要な経営判断となる。企業規模によって、一つの事業単位の大きさや投資にかけられる金額に違いはあるものの、共通することは、有限である経営資源をどの分野に集中投下して競合との違いを生み出すかだ。資源を均等に配分することは安全策として一見正しいようにも見えるが、一方で、どれも中途半端になる可能性をはらんでいる。競合に勝つためには戦略が必要であり、戦略実現のための手段がM&Aなのである。

かつて大手企業が何千億円もかけて買収を実行していたころは、M&A戦略がフォーカスされることは少なかった。むしろ、「日本企業がどこをいくらで買収したのか？」にフォーカスが当てられた。「大きいことはいいことだ」という単純な拡大路線が企業の成長原則と見なされ、また海外大手企業を買収することが国民の自尊心をくすぐり、国家のステータス向上につながると捉えられていたからだ。しかし、現在の日本は、人口減少と消費の成熟化により、右肩上がりの経済成長が見込めなくなった。そのため企業は限られた経営資源を成長分野に振り分ける必要がある。

そこで重要なのが、M＆Aを成功に導くための「戦略」だ。「戦略なきM＆Aは失敗する」と断言しておきたい。M＆Aのプレーヤーが増加するなか、M＆Aを足し算で捉え、数で勝負するブローカーのような企業も増えているが、M＆Aの本質は、譲渡側と譲受側の双方の成長であり、その先にある企業価値の向上である。M＆Aを複数実施しながら成長している企業もあるが、そうした企業に共通することは、M＆Aを行うことがメインなのではなく、グループに加わる企業のビジネスモデルや年齢構成、財務状況を把握し、他のグループ会社との連携イメージを構築し、また自社から送り込む経営者人材の事前準備など、M＆Aを成功させるための手順をしっかりと組み立てていることである。この点が、ブローカーとは異なっている。「経営資源を活用して、事業を譲り受け、成長させることによって、自社の企業価値を高める」ことがM＆Aの本旨である。

M＆Aを実施する段階で、道標となる戦略が必要であり、目指すべき方向が定まっていないM＆Aは失敗する可能性が高い、ということを念頭に置いていただきたい。

第2章

経営コンサルタントが見た「M&Aが成功する会社」

1 M&Aを取り巻く環境変化

M&Aを取り巻く環境は近年、大きく変化してきた。以前は、多くの日本企業にとって、M&Aは大企業の戦略であって、中小企業には無縁のものという認識が主流だった。現在は中小企業や個人事業主にまでM&Aが広がり、実施件数も右肩上がりで増えている。

レコフデータの調べによると、日本企業のM&A件数は一九八五年の二六〇件から、二〇二三年には四〇一五件となり、三八年間で一五倍強に拡大している。その要因の一つが「事業承継問題」である。実際、事業承継を目的としたM&A件数の推移を見ると、事業承継税制が大幅に拡充された二〇一八年を境に急増していることがわかる【図表2-1】。

二〇一七年に経済産業省と中小企業庁が行った推計によると、二〇二五年までに七〇歳を超える中小企業の経営者が約二四五万人に達する見込みで、半数近くの約一二七万人が後継者不在の状態と見られている【図表2-2】。その状況が続くと国内企業の約三分の一が後継者不在に陥り、二〇二五年までに累計約六五〇万人の雇用が失われ、GDPも約二二兆円減少すると試算された（「事業承継の二〇二五年問題」）。これを受け、政府は二〇一八年一月から

【図表 2-1】日本企業の M&A 件数の推移

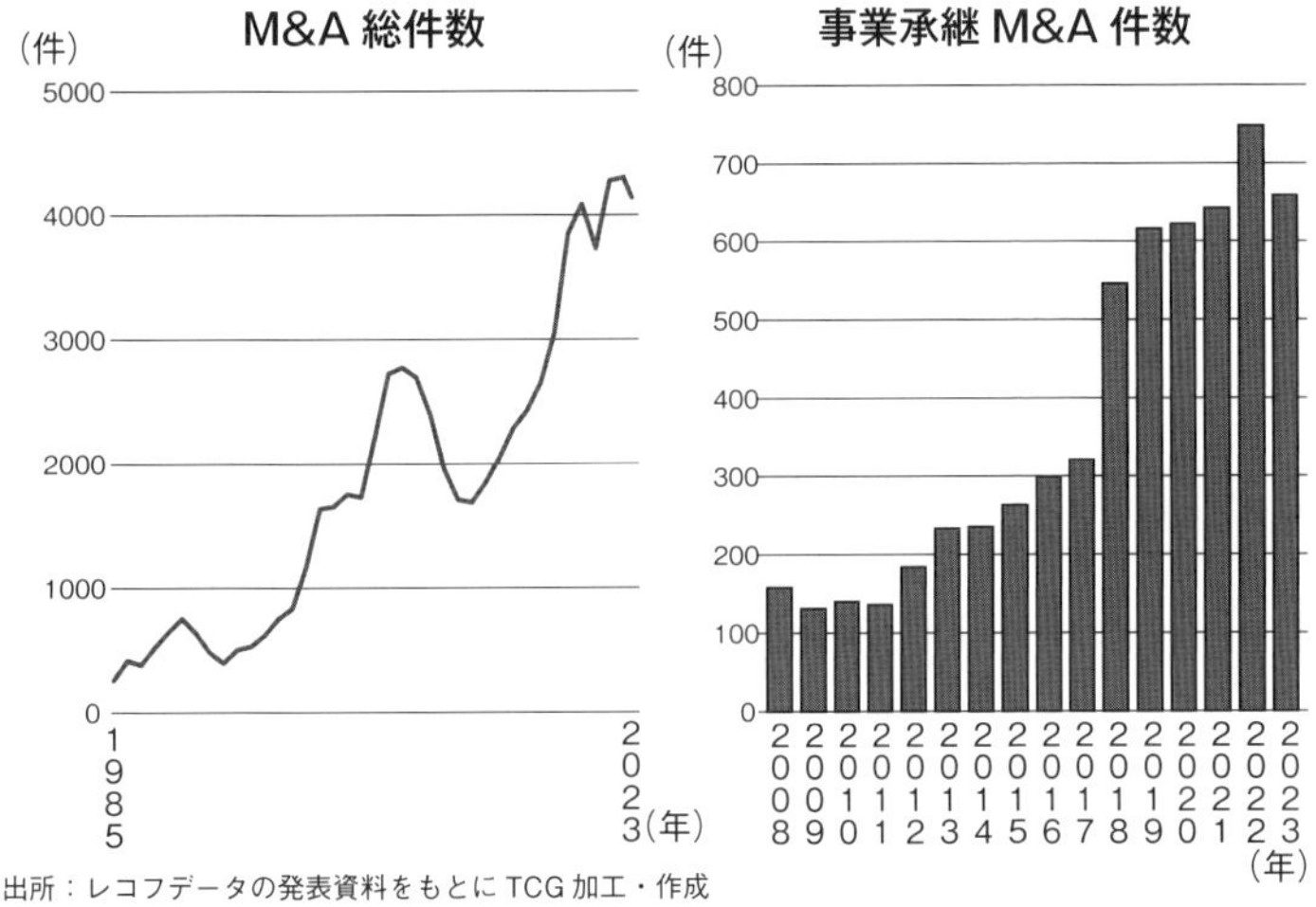

出所：レコフデータの発表資料をもとに TCG 加工・作成

【図表 2-2】中小企業・小規模事業者の経営者の 2025 年における年齢

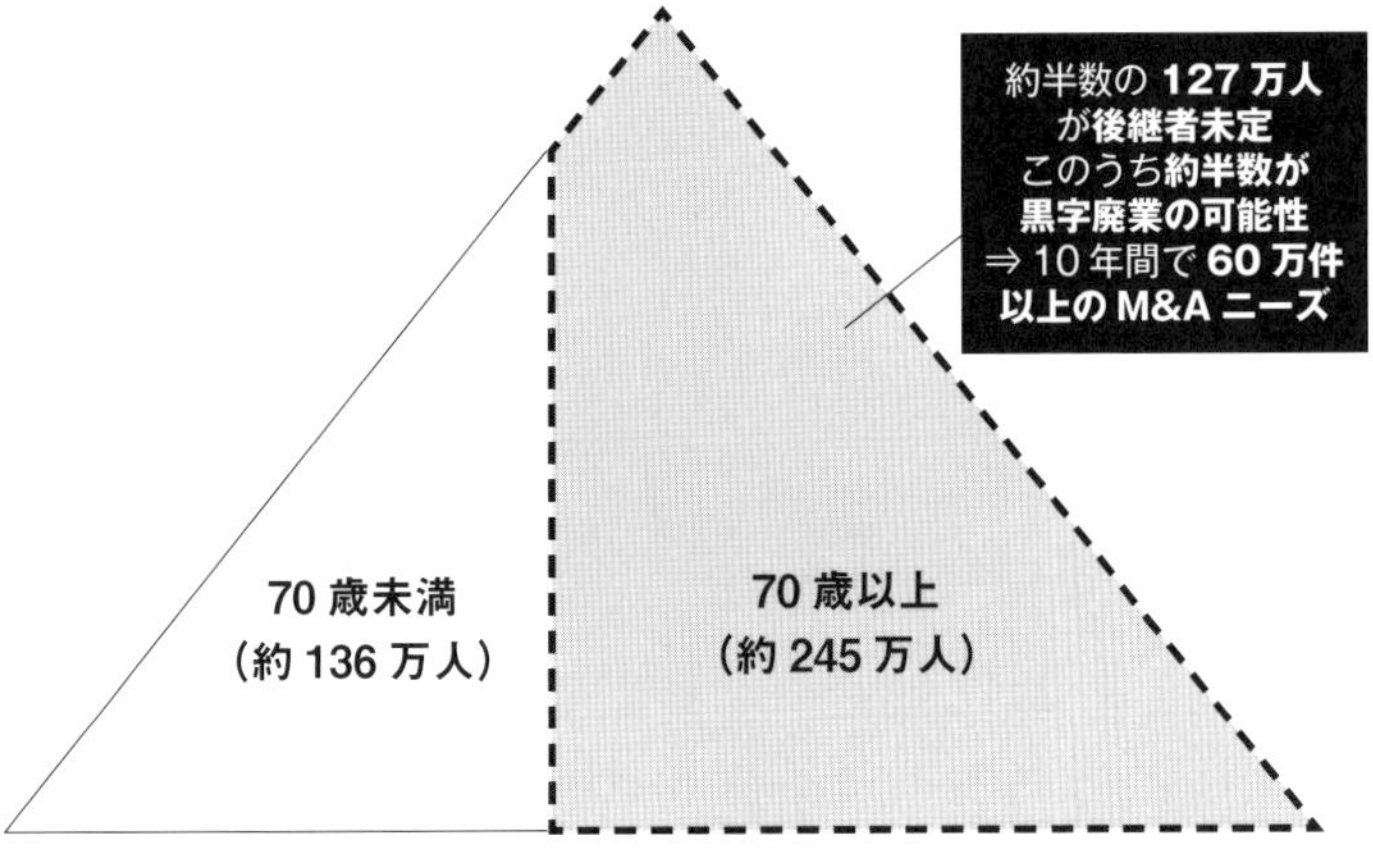

資料：2016 年度総務省「個人企業経済調査」、2016 年度帝国データバンクの企業概要ファイルから推計
出所：経済産業省「中小企業・小規模事業者における M&A の現状と課題」（第 1 回「事業引継ぎガイドライン」改訂検討会配布資料、2019 年 11 月 7 日）

二〇二七年一二月末までの一〇年を「集中実施期間」とし、事業承継税制の特例措置を大きく拡充。後継者は贈与税・相続税の現金負担ゼロで自社株が承継できるほか、親族外の後継者にも適用可能とした。このため第三者承継のハードルが下がり、その手段としてM&Aを選ぶ企業が増えているのである。

日本の企業数は約三六八万社（二〇二一年六月一日現在、総務省調べ）を数え、そのうち九割超がファミリー企業（同族経営）といわれる。また上場企業三七四九社のうち、約半数の一八四八社（四九・三パーセント）がファミリー企業だという（後藤俊夫監修、荒尾正和・西村公志編著『ファミリービジネス白書　2022年版』白桃書房）。これらファミリー企業の多くは経営者の高齢化と後継者不足という課題を抱えており、コロナ禍による経営不振も重なって休廃業・解散に踏み切る企業が増えている。実態は経済産業省・中小企業庁の試算よりもさらに深刻化している可能性がある。

こうした状況から、日本ではM&Aを活用した事業承継を支援するため、官民両セクターでさまざまな対策が打たれている。次に、主な取り組みを紹介しよう。

【図表 2-3】「事業承継・引継ぎ支援センター」の概要

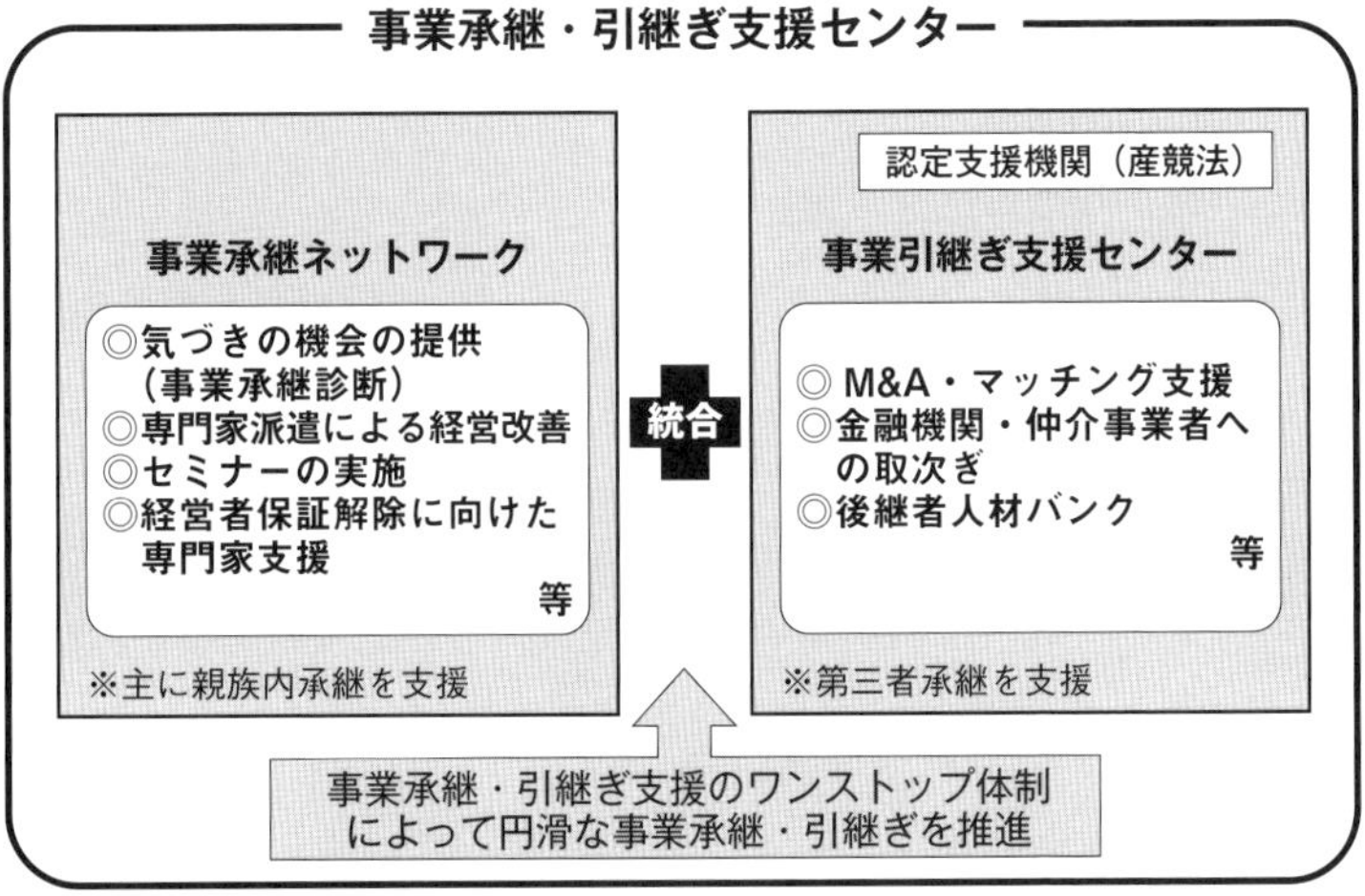

出所：中小企業庁「中小企業白書」(2021 年版)

（1）政府によるM＆A関連施策

近年行われてきた政府による対策は、主に「M＆A支援機関の強化」「補助金の新設」「税制優遇措置」の三点である。

①M＆A支援機関の強化

a 事業承継・引継ぎ支援センター

各都道府県に一つ（東京都は丸の内、多摩の二つ）設置している、後継者不在の中小企業経営者が事業承継について相談できる機関である【図表２‐３】。前身の「事業引継ぎ支援センター」（二〇一一年〜）と「事業承継ネットワーク」（二〇一七年〜）を統合し、二〇二一年四月からスタートした。主に第三者承継を支援してきた事業引継ぎ支援センターと、親族内承継を支援してきた事業承継ネットワークが一緒になることで、親族内・社内・第三者を問わずワンストップで事業承継に関わる相談に対応できる体制が整備された。

具体的な取り組みとしては、事業承継・引き継ぎ（親族内、社内、第三者）に関する初期相談や、第三者承継（M&A）における譲受先のマッチング支援を行っている。センター担当者による支援や個別の相談は無料。相談者の要望に応じて、登録している外部の専門家を紹介してもらい、有償での支援を受けることもできる。

b 「中小M&Aガイドライン」の策定

「中小M&Aガイドライン」とは、二〇二〇年三月に経済産業省が「第三者承継支援総合パッケージ」に基づき、「事業引継ぎガイドライン」を全面改訂して作成したものである。二〇二三年九月には第二版が公開され、M&A専門事業者向けの基本事項や中小企業向けの留意点を拡充している。

「第三者承継支援総合パッケージ」は、黒字廃業の可能性のある中小企業の技術・雇用などを次世代の経営者へ承継することを目的に、経済産業省が公表（二〇一九年一二月）した支援パッケージである。一〇年間で計六〇万者（年間六万者）の第三者承継の実現を目指している。一方、「事業引継ぎガイドライン」は、経済産業省が二〇一五年三月に公表したガイドラインである。

M＆Aの手続きや、手続きごとの利用者、仲介者、アドバイザーなどの役割・留意点・トラブル発生時の対応を明らかにしたものである。

そして中小M＆Aガイドラインは、M＆Aの知見を持たない経営者などに対する手引きである。M＆Aの進め方や実際の中小企業M＆Aの事例、M＆A支援機関（事業承継・引継ぎ支援センターなどの公的機関、インターネットプラットフォーム、仲介会社・金融機関・士業などの民間機関）のそれぞれの特色や支援内容、および業務手数料の目安など、詳細に説明がなされている。

また、仲介会社や金融機関などのM＆A支援機関には、M＆Aに慣れていない依頼者（中小企業）が不利にならないよう、中小企業に対するM＆Aのルールを設定している。具体的には、利益相反の回避、他の仲介者への並行依頼を禁じるなど専任条項を設ける場合の契約期間の規定（六カ月～一年以内を目安）、中途解約の明記、セカンドオピニオンの許容などをホームページ上で宣誓・公開するように求めている。

c　M＆A支援機関登録制度

M＆A支援機関登録制度は、二〇二一年八月からスタートした、民間M＆A業者・金融機関などのM＆A支援機関を対象とした登録制度である。M＆A支援業務は免許制・許認可制ではないため、同制度に登録していなくても支援は可能である。ただ、本制度ができた背景として、民間のM&A支援事業者が急増し、中小企業と事業者とのトラブルが相次いだことも理由の一つといわれている。そのため、前述した中小M&Aガイドラインの順守が登録要件となっており、年に一回、実績報告が義務付けられている。

二〇二四年一月一九日現在のM&A支援機関登録数は三〇三一件で、過去最高だった二〇二三年五月の三一三三件に比べ三・二パーセント減少（一〇二件減）した。マンパワーが小さな士業事務所や、M&A支援業務に精通していない登録者などが離脱したものと推察される。

②補助金の新設

二〇二〇年度までは「事業承継補助金」と「経営資源引継ぎ補助金」に分かれていたものが、二〇二一年度から「事業承継・引継ぎ補助金」となっている。これは中小企業に対し、事業承継・M&Aを行うことで、経営革新への挑戦や経営資源の引き継ぎ、廃業・再チャレンジを支援する費用の一部を補助する制度である【図表2 - 4】。

具体的には、「専門家活用事業」では、M&Aの仲介手数料やDD費用、「経営革新事業」では、M&A後の設備投資や販路開拓費用などに対して補助を受けられる制度となっている。旧制度に比べて補助金額が引き上げられており、例えば旧経営資源引継ぎ補助金ではM&A

【図表 2-4】事業承継・引継ぎ補助金の概要（6次公募）

事業	類型	補助率	補助下限額	補助上限額	上乗せ額（廃業費）
経営革新事業	創業支援型（Ⅰ型）	補助対象経費の3分の2以内または2分の1以内	100万円	600万円以内または800万円以内	+150万円以内
	経営者交代型（Ⅱ型）				
	M＆A型（Ⅲ型）				
専門家活用事業	買い手支援型（Ⅰ型）	補助対象経費の3分の2以内または2分の1以内	50万円	600万円以内	+150万円以内
	売り手支援型（Ⅱ型）				
廃業・再チャレンジ事業	廃業・再チャレンジ	補助対象経費の3分の2以内	50万円	150万円以内	

出所：事業承継・引継ぎ補助金事務局「事業承継・引継ぎ補助金【6次公募】の概要」

仲介手数料に対する上限額は二〇〇万円だったが、この制度では六〇〇万円（補助対象経費の三分の二以内）に増額されている（年度の当初予算・補正予算などのタイミングにより異なる）。M＆A仲介手数料はどうしても割高になる傾向があり、譲受側企業・譲渡側株主の負担が大きくなる。譲渡対価が低くなりがちな中小企業においては、M＆A仲介手数料に対する補助金ということで有効活用されている。

③税制優遇措置

税制において、M＆Aプロセスにおける不動産取得に関わる登録免許税と不動産取得税の軽減策が採用されている。さらに二〇二一年の税制改正により、「経営資源集約化税制」

【図表 2-5】経営資源集約化税制の概要

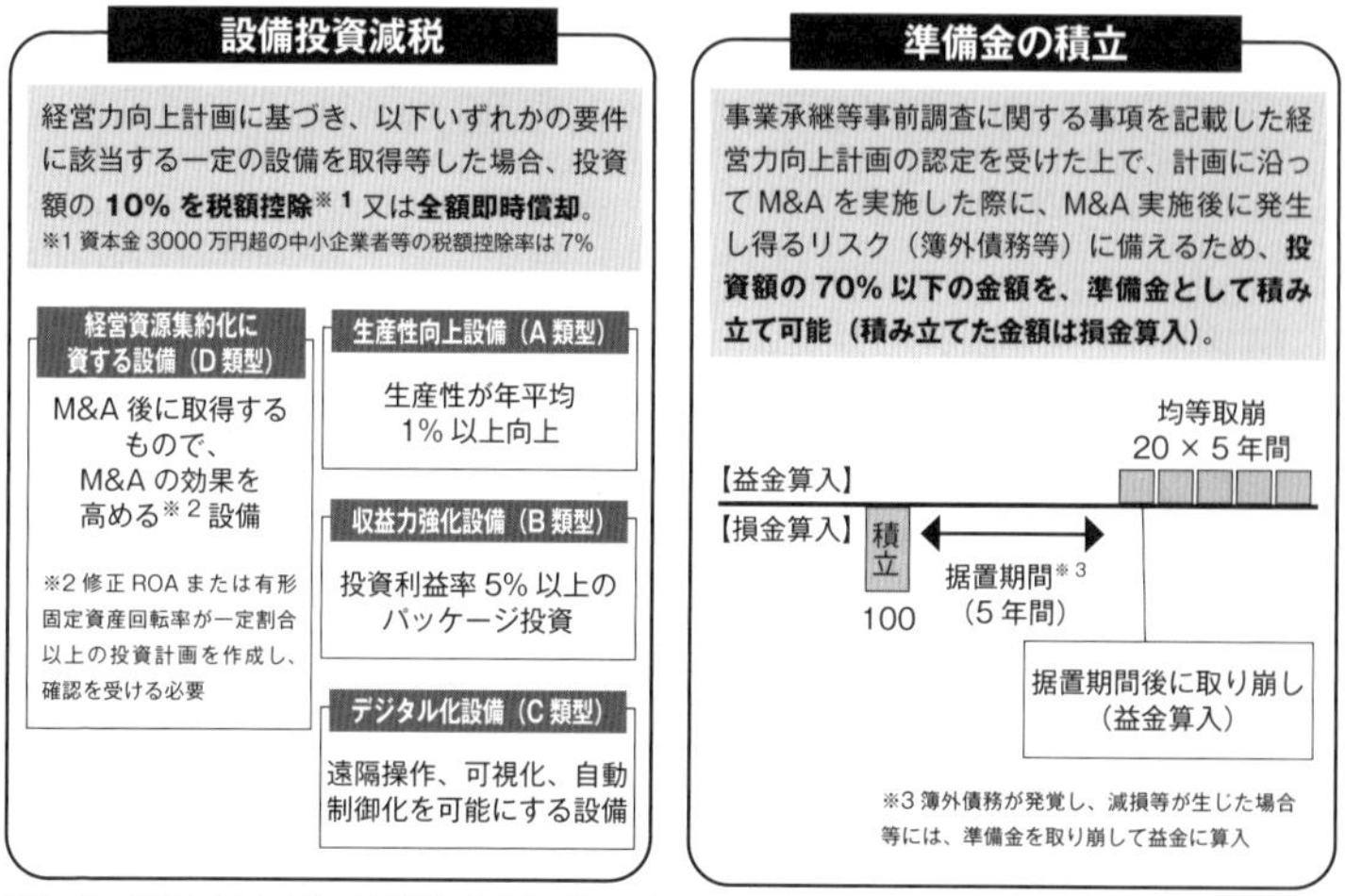
設備投資減税
経営力向上計画に基づき、以下いずれかの要件に該当する一定の設備を取得等した場合、投資額の 10% を税額控除※1 又は全額即時償却。
※1 資本金 3000 万円超の中小企業者等の税額控除率は 7%
経営資源集約化に資する設備（D 類型）
M&A 後に取得するもので、M&A の効果を高める※2 設備
※2 修正 ROA または有形固定資産回転率が一定割合以上の投資計画を作成し、確認を受ける必要
生産性向上設備（A 類型）
生産性が年平均 1% 以上向上
収益力強化設備（B 類型）
投資利益率 5% 以上のパッケージ投資
デジタル化設備（C 類型）
遠隔操作、可視化、自動制御化を可能にする設備
準備金の積立
事業承継等事前調査に関する事項を記載した経営力向上計画の認定を受けた上で、計画に沿って M&A を実施した際に、M&A 実施後に発生し得るリスク（簿外債務等）に備えるため、投資額の 70% 以下の金額を、準備金として積み立て可能（積み立てた金額は損金算入）。
均等取崩
20 × 5 年間
【益金算入】
【損金算入】
積立
100
据置期間※3
（5 年間）
据置期間後に取り崩し
（益金算入）
※3 簿外債務が発覚し、減損等が生じた場合等には、準備金を取り崩して益金に算入

出所：中小企業庁「中小企業の経営資源の集約化に資する税制概要・手引き」（2023 年 4 月）をもとに TCG 加工・作成

が新たに創設された。いくつかの税制措置があるが、主に取り上げられたのは、「中小企業事業再編投資損失準備金」である。これは株式取得価格の一部（最大七割まで）を損金算入でき、五年間の据置期間経過後、原則五年間で均等額が益金算入される仕組みである。

改正前の税制では、M&Aでの株式取得価額は資産計上され、原則として譲渡をするまでは費用化することはできず、M&A後に簿外債務や偶発債務などが顕在化しても費用化できなかった。改正後は、将来の株式価値の下落による損失リスクに備え、準備金を積み立てることによって、株式取得価格の一部を費用化できるようになっている。これにより、中小企業におけるM&A買収の潜在的リスクを軽減することができる【図表2-5】。

その他、設備投資の最大一〇パーセントの税額控除が受けられるものや、従業員の給与増額による税額控除などがあり、いずれも中小企業によるM&A買収を後押しするものとなっている（ただし、経営力向上計画の認定が必要などの要件がある）。

（2）M&Aプラットフォームの発展

M&Aに関する一切の情報は企業にとって極秘事項であり、外部に漏洩しないよう取り扱いを十分に注意する必要がある。そのため従前は、インターネット上に譲渡情報を載せることが一般的ではなかった。だが、近年はネットを介して譲受側と譲渡側をマッチングするM&Aプラットフォーマーが台頭し、そのサービスを利用する企業が増加している。

金融先進国の米国では、「ビズバイセル（BizBuySell）」というM&Aプラットフォーマーが存在し、最大規模のデータベースと成約実績を有している。日本国内においても、M&Aプラットフォーム大手のバトンズは、累計二〇万者超（二〇二二年一二月時点）の買い手企業の登録があり、成約した企業は累計三〇〇〇件以上となっている。また、登録している譲受企業の七五パーセントが売上高五億円未満であり、成約実績のうち取引価格の七〇パーセント超が一〇〇〇万円未満、譲渡企業の八〇パーセントが売上高一億円未満となっており、中小企業・小規模事業者においてもM&Aという手法は一般化しつつあることがわかる。

利用登録をしてネットで会社を探せるM＆Aプラットフォームは、譲受側にとっては自社のニーズに合う案件情報を容易に得ることができ、譲渡側にとってもより多くの選択肢から相手を選択することができるメリットがある。

2 M＆Aの目的——企業価値向上のための〝手段〟に過ぎない

(1) 目的化したM＆Aの失敗例

企業を取り巻くM＆Aの環境は、「事業承継問題」という社会的背景や、政府・民間による支援策を通じてここ数年で大きく変化してきた。しかし、手法論としてのM＆Aに耳目が集まる一方、なぜM＆Aなのかという「そもそも論」が置き去りにされている感もある。

M＆Aはそれ自体が目的ではなく手段である。では、何のための〝手段〟だろうか。もちろん、何のためかは企業によって異なるが、「売上高を拡大したい」「事業を広げたい」など、漠然とした動機はどの企業も持っているはずだ。「一度M＆Aをやってみたかった」などとM＆Aそのものが目的になっている企業はまずいないだろう。しかしながら、結果としてM＆Aが目的化してしまっている企業が見受けられるのも事実である。

そのパターンは大きく分けて二つある。

①交渉途中でM&Aが目的化してしまうパターン

M&Aを検討している企業（譲受側）には、付き合いのある金融機関やM&A仲介会社、DM（ダイレクトメール）、M&Aプラットフォームでの検索など、さまざまな案件情報の入手ルートがある。譲受側はそのなかから有望と思われる案件の検討を進めていくことになる。だが、先方の会社（譲渡側）の詳細資料を入手し、トップ面談を行い、いざ交渉を進めてM&Aがどんどん現実味を帯びてくると、買収が実現すれば自社の売上高がいくらになるという思惑から、新たな挑戦意欲も湧き上がってくる。当然、前向きな考え自体は良いことであるのだが、夢中になり過ぎてリスクに目が向かなくなるケースがまれにある。本来の目的（なぜその会社を買収する必要があるのか）を忘れ、買収すること自体が目的化してしまうパターンである。

このパターンでの失敗は、交渉時点で正しい情報を収集できていないケースが多い。そのためリスクの認識不足や対策不足が発生してしまう。結果的に買収後、交渉時点では気づかなかった大きなリスクが露呈し、立て直せず失敗に終わってしまうことになる。

②連続実施によってM&Aが目的化してしまうパターン

連続的に何社も買収を繰り返すことで、M&Aが〝癖〟になってしまうパターンである。M&Aによって売上高を上げていくことは簡単である。買収資金さえ調達できれば、譲受側の売上高が足されていき、それを重ねることでどんどんと企業規模を拡大できる。しかし、成長にはバランスが不可欠である。急激な成長はもはや「膨張」といっていい。

連続的な買収でよくあるのが、管理に手が回らず、業績低下や従業員の離職を招いてしまうケースである。一例として、総合建設業E社が別の地域にある設備工事業F社を買収した事例を挙げる。E社はかねてから同業種または周辺業種の設備工事業の買収を検討しており、情報収集を行っていた。多数の案件を検討するものの、財務内容が悪かったり、技術者が高齢化していたりなど、どの案件も決め手を欠いていた。そのなかでF社は、業種や地域のニーズが合致したほか、財務内容、技術者の年齢層など、初期の段階で開示された情報は良好で、さっそく検討を進めることになった。

F社のバランスシート（貸借対照表）は問題なかったが、損益計算書を見ると売上高が徐々に落ちている状況であった。E社は自社の受注案件をF社に回せると踏んだため問題視はしなかったが、売上げが減っているという事実に基づいてF社に買収金額を低く提示した。F社株主との条件が折り合ったため、E社は「安く買収できるなら」と考え、DDでの調査もそこそこに、あっさり買収に踏み切ってしまった。ところが、F社の技術者にE社の案件は任せられないことがわかり、さらにF社単独での業績改善もかなわなかったため、想定以上の大幅赤字を計上してしまうことになった。E社が試算した株価よりも安く買収できたため、情報確認を怠ってしまったことが本件失敗の原因であるが、根本的な問題は、「自社は買収して何をしたいか」という本来の目的に基づいた判断ができていないことにあった。

(2) 本来のM&Aの目的は何か

企業経営において、M&Aはどのように位置付けられるのか。企業は存在意義(パーパス・ミッション)があり、それを具体化した中長期ビジョンがある。その中長期ビジョンを実現するための戦略の一つがM&Aであるといえる。

つまり、パーパス・ミッションや中長期ビジョンで企業の向かうべき方向が明確になると、具体的な事業戦略と経営戦略が導かれる。その先にM&A戦略がある。M&Aについて既存の戦略とは別物として扱う企業も少なくないが、飛び道具的にM&Aを考えるのではなく、事業戦略(新規参入やシェア拡大など)を推進するための一手段としてM&Aを考えるのである。

M&A自体が目的化して失敗に終わってしまうパターンでは、明確な戦略がないことや、その戦略と目的に立ち返って検討・判断ができないこと、また中長期ビジョンという長い時間軸でのM&Aの位置付けが曖昧であることなどが原因である。自社がM&Aで何を達成したいのか、どんな機能を得たいのか、相手先はどのような企業がよいのかなど、深く検討する必要がある。事実、ビジョンや中期計画においてM&Aを明言・明記する企業が近年増えている。今やビジョン・中期計画にM＆Aを盛り込むことは「必須事項」といえよう。

例えば、二〇二三年に中期経営計画（二〇二三〜二〇二五年度）を策定・公表した非鉄金属商社のアルコニックス（東京都千代田区）は、二〇〇〇年代よりM＆Aを実施しており、現在（二〇二三年）では一四社を子会社化している。非鉄金属を中心に商社や製造業を買収し、素材・部品・製品の生産から卸売までをワンストップで提供できる体制を構築。同社は中期経営計画のなかで、最終年度には運転資金を除くキャッシュフローの六八パーセントを新規M＆Aや人的資本などの成長投資に振り分けると明記している。

また化学専門商社の稲畑産業（大阪市中央区）は、二〇二一年に策定・公表した中期経営計画「New Challenge 2023」（二〇二一〜二〇二三年度）で、主要重点施策の一つに「将来の成長に向けた投資の積極化」を掲げる。オーガニックグロース（自社の内部資源による成長）を維持しつつも、今後はグローバルなM＆Aなどを含めたよりアグレッシブな成長投資を実施する方針を示している。初年度の二〇二一年七月にM＆Aなど投資案件のスクリーニング（選別）を担う本社組織として「事業企画室」を新設。同時に、各営業部にもそのカウンターパートナーとなる担当者を任命し、営業現場と連携しながらそれぞれのノウハウやネットワークを活用した新しい投資案件の発掘や事業プランニングを推進している。

実際に同社は二〇二三年二月、およそ一三年ぶりとなるM＆Aに踏み切り、ウナギ加工品などの製造を手掛ける大五通商（静岡市葵区）を子会社化した。また、同年三月には化学系専門商社の丸石化学品（大阪市西区）の子会社化を決めた。丸石化学品の顧客基盤を取り込み、商社機能のいっそうの強化につなげる狙いだという。

こうしてM&Aを含めた成長投資を中長期ビジョンで明記し、ステークホルダーに宣言・発信して実際に投資を実行する。それによって企業価値の創造につなげていくことが求められている。

3　企業価値を高める「戦略×成長M&A」の考え方

掛け算で企業価値向上
戦略×成長M&A

「戦略×成長M＆A」とは、「戦略なきM＆Aは失敗する」ことを表現するため、TCGが創り出した用語である。中長期ビジョンの策定だけで企業価値を高めることはできない。一方で、やみくもにM＆Aを実行してしまうと失敗につながる。戦略と成長M＆Aのどちらか一方が欠ければ、成果は「ゼロ」である。M＆Aを実行する上での指針となる戦略と、それに基づく「成長M＆A」をシームレスにつなぐことが求められる。

「戦略×成長M＆A」は、自社の中長期ビジョン実現のために、企業買収の目的と具体的な候補企業を明確化し、積極的に仕掛け（提案）を行うとともに、それに基づいたM＆Aの実行策を組み合わせた一連の流れを指す。譲受側は、この「戦略×成長M＆A」を軸にM＆Aを展開することで、さまざまな変化をマネジメントし、企業価値を高めていくことにつながる。次に、そのステップを示す。

（1）M&Aの成長戦略を策定

自社の現状の経営資源を前提に戦略を組み立てようとすると、現在の事業の延長線上で何ができるかという思考になりがちである。だが、M&Aでは「現状の経営資源という制約条件を外し、中長期的に自社はどういう姿になりたいか」という思考で戦略を立てるべきである。中長期ビジョンを明確化すれば、そのビジョンの実現のためにどのような経営資源が必要で、そのうち外部から「何を調達するか」（M&Aの目的）が、M&Aの戦略策定では重要な検討事項となる。ここがはっきりしないと、自社のM&Aが成功したかどうかさえわからなくなる。

（2）M&A候補企業の選定

自社の中長期ビジョンとM&Aの目的（どの不足を補うか）を明確にした後、買収候補先の企業を具体化する。まず、候補先の大まかな基準を設定したロングリスト（絞り込む前段階の買収候補先）を作成する。〝大まかな基準〟とは、事業（取り扱い商材・サービス）、地域、売上規模などで、この時点では買収の実現可能性を考慮せず、対象範囲内に入る企業を広く列挙していく。

作成したロングリストから、事業内容、販売チャネル、地域シェア、製品ブランド力、技術力、株主構成、財務状況などを基準にスクリーニングし、候補先を絞り込んでいく（ショートリストの作成）。その際、マトリクスで分類し、カテゴリーごとに整理することも効果的である。

（3）M&Aの仕掛け（提案）

具体的な候補先を選出した後、買収を仕掛けていく。〝仕掛け〟と書くと物騒に思われるかもしれないが、敵対的買収というニュアンスではなく、自社と相手先の成長発展を戦略的に提案するという意味合いである。では、どのように買収を提案するのか。これは、相手先の状況によって接触、提案の仕方が異なる。

例えば、後継者が不在で事業存続と従業員の雇用維持などオーナーが安心して引退できることを求める「後継者不在型」、財務状況が芳しくない企業が経営の安定化を図る「企業再生型」、また地域・業界で生き残るための「再編型」や、経営統合や合併によってトップシェアを握るなど明確なメリットがある「戦略型」が挙げられる。こうした買収候補先の状況に応じて、自社との提携シナジーと相手先のメリットを的確に伝え、提案を行う。

提案方法は、自社による直接的な提案も本気度を示す意味で有効だが、自社の素性を知られずに相手先にアプローチをしたい場合もあるだろう。特に〝狭い〟業界であればM＆Aの動きを察知されやすい傾向がある。水面下で動いていたとしても、「どこどこの企業が同業に声をかけている」という情報が広がることがある。その際は、相手先の取引金融機関や仲介会社、コンサルティング会社など外部の専門家を活用し、ノンネーム（匿名かつ大まかな企業概要）での打診から行うとよい。

（4）M&Aの実行

そして、M＆A戦略が固まったら実行である。リストを作成して終了ではなく、M＆Aは行動に移さなければ意味がない。相手先へのアプローチを繰り返すことで、最初は断られていても道が開ける場合がある。M＆Aは長期戦でもある。タイミングよく成約すれば御の字であるが、そう思い通りにはいかない。だからこそ、M＆Aの動きを継続し、途中で目的を見失わないように、戦略から実行まで一貫性を持った動きが必要だ。

成長M＆Aは、自社のビジョンを高い確率で実現させるための手段となる。現在のM＆Aマーケットは譲渡側に有利な〝売り手市場〟となっており、譲受側は数少ないチャンスをうかがう形となる。しかし、外部の「持ち込み案件待ち」だけでは、自社のビジョン実現の確度は高まらない。しっかりとした中長期のM＆A戦略を立て、買収の候補企業をアウトプットすることで、持ち込み案件への適切な検討が可能となる。

【図表2-6】M＆Aのチェックリスト

NO	分類	項目	チェック
1	戦略	中長期ビジョンが明確か（事業戦略、財務戦略、組織戦略）	
		M＆Aの目的・狙いが明確になっているか	
		ターゲットとする対象会社がイメージできているか（実在するかも含む）	
		対象会社に求めるものが明確か	
		対象会社に求めないものが明確か（見送り基準が明確か）	
2	組織	M＆Aの意思決定にトップが関わっているか	
		M＆Aの意思決定ルートが明確か	
		意思決定ルートが複数階層にわたり、検討が複雑化していないか	
		M＆Aの担当者がいるか（専任・兼務を問わず、情報収集→検討→内部調整が円滑に機能しているか）	
		秘密保持契約の締結に時間をかけ過ぎていないか	
		ノンネームシートの初期検討に1週間以上の時間をかけていないか（できれば3日以内）	
3	財務	M＆A投資に備えた財務戦略を考えているか	
		投資余力、資金調達余力を保っているか	
4	グループ経営体制	買収後に任せる経営者人材がいるか	
		事業シナジーを生み出すための、自社と対象会社をつなぐキーパーソンは明確か	
		業績管理の手法は明確か	
		経理の引き継ぎ方針はあるか	
		就業規定関連の統合方針はあるか	
5	情報収集	自社が求める条件および対象会社像が明文化されているか	
		その資料を使い仲介会社・金融機関等に定期的に情報提供の依頼をしているか	
		さらに上記を具体化し、具体的な社名までリストアップができているか	
		リストアップした先を定期的にモニタリングしているか	

Ｍ＆Ａのポイントを整理したチェックリスト**【図表２‐６】**を活用して、自社の現在位置を確認し、今後の準備に必要なアクションを今一度、整理していただきたい。

第3章

M&Aによる企業価値向上の実現

1

M&Aの幻想——実施するだけでは企業価値は上がらない

商品や仕事に価値があるように、それを提供する側の企業にも価値がある。この企業全体が持つ経済的価値を「企業価値」（EV／エンタープライズ・バリュー）という。発行済み株式の時価総額と有利子負債額の合算、あるいは貸借対照表の純資産額などで算出することができる。

今や企業価値は企業の業績を長期的に反映した指標として定着し、株主はもとより、すべてのステークホルダーにとって企業業績を評価する上で特に有益な基準となった。また、この企業価値を構成する事業価値や株主価値がM&Aを実行する上で、対象会社の譲渡価格を決定する際の重要指標として使われるようになった。

企業の業績の積み重ねや将来に生み出す価値を「数字」で評価ができるようになった一方で、企業がこれまで培ってきた数値以外の「歴史」、すなわち、ビジネスモデルやノウハウ、評判などをどのように評価するのかが、M&Aではたびたび問われてきた。特に、M&Aの対象が中堅・中小企業にまで広がってきた昨今では、定量面以外に定性面で評価する買い手も一定数存在している。M&Aは、単純に数字だけの世界ではないのである。

しかし、M＆Aの実施を決断する経営者が最終的に重視するのは「経済合理性」であり、「事業の再現性」である。その意味では、M＆A実行時の企業価値がどのくらいあり、将来的にどのくらいまで企業価値が向上するのかを見極めることは、M＆Aの実行において非常に重要なファクターといえる。

実は、企業価値には決まった定義がない。「企業が生産・販売・サービスなどの経済活動を営むことにより、どのくらい社会に対して役立っているかを貨幣金額に換算した数値」（伊藤邦雄著『企業価値経営』日本経済新聞出版）と解説する専門書もある。企業価値の向上とは、企業の経済活動の結果、社会価値が増大していくことを指す。つまり、価値を自社の利益向上の側面からのみ捉えているわけではなく、社会の役に立っている（＝社会課題を解決する）ことが必要である。

このことから一つの仮説が考えられる。それは、M＆Aは事業戦略を実現するための手段ではあるが、M＆Aによって企業をグループインさせただけで企業価値が向上するわけではないということである。それは単なる業績の足し算に過ぎない。企業をグループインさせることによって、グループとしてどのように付加価値を世に送り出していくのか、あるいは、社会課題の解決に貢献するのかという点をステークホルダーに見られているのである。

上場企業は常に株式市場でステークホルダーの評価を受けているが、非上場の中堅・中小企

【図表3-1】M&Aで企業価値を向上させる3つの戦略

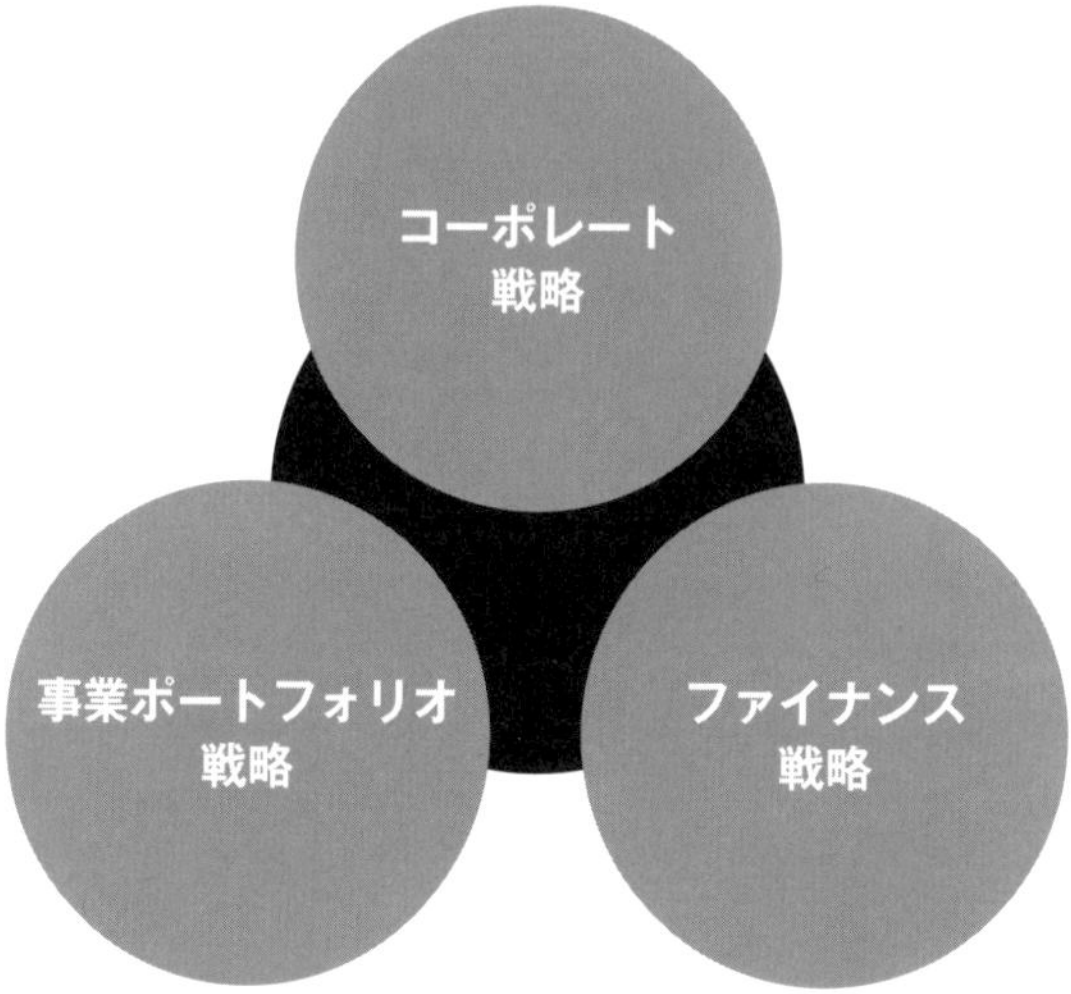

業も例外ではない。それぞれの業界のマーケットでステークホルダーから評価を受けている。グループをどのように成長・存続させるかという視点は、企業経営の不変のテーマであり、そのための手段としてM&Aを活用するということだ。

しかし、いわゆる「ストロングバイヤー」と呼ばれる買収意欲の高い譲受企業のなかには、将来性を見越して買収したものの、M&A後はグループインした譲渡企業に顔を出す頻度が少なくなったり、SPAの約束事を履行しなかったりする企業も存在する。こうなっては、「M&Aは実行されど、企業価値は上がらず」という状態になってしまう。

M&Aの実施を検討している企業や、今まさに実行中の企業は、企業価値を向上させる

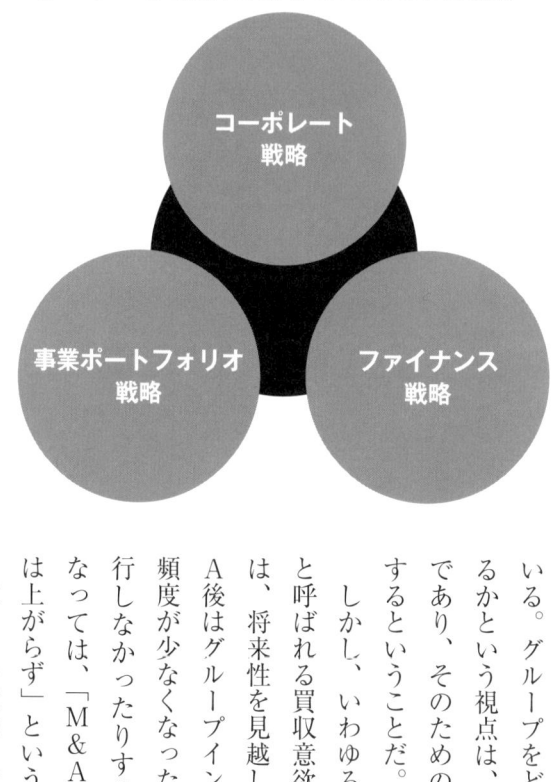

ための適切な策を講じているかどうかを常にモニタリングしていく必要がある。では、譲受企業にとって、企業価値を向上させるための策にはどのような打ち手が考えられるだろうか。これまでTCGが関与した企業事例を参考に、大きく三つの戦略に分けて説明していく【図表3-1】。

2　M&Aで企業価値を向上させる三つの戦略

（1）コーポレート戦略

①事業をドライブさせる組織設計

M&Aを推進するためには、初期の案件検討から最終の譲り受けの意思決定までのステップを経る必要がある。これは中小企業の場合でも大手企業の場合でも同じである。しかし、M&Aがなかなか進まない会社では、「社内のM&A推進体制（経営企画、担当者）の不足」という課題を抱えている場合が多い【図表3 - 2】。

M&Aの案件検討プロセスの多くは、仲介会社や専門会社からの持ち込み提案からスタートする。ただし、その一件の提案が、そのまま最終的なM&Aの意思決定につながることはまれである。通常は複数の案件を検討していくなかで、自社の求める条件に合致する案件と出合うことがほとんどだ。案件を検討するフェーズにおいては、「数」をこなさなければならないのである。

【図表 3-2】M&A を検討する上での懸念ポイント（複数回答）

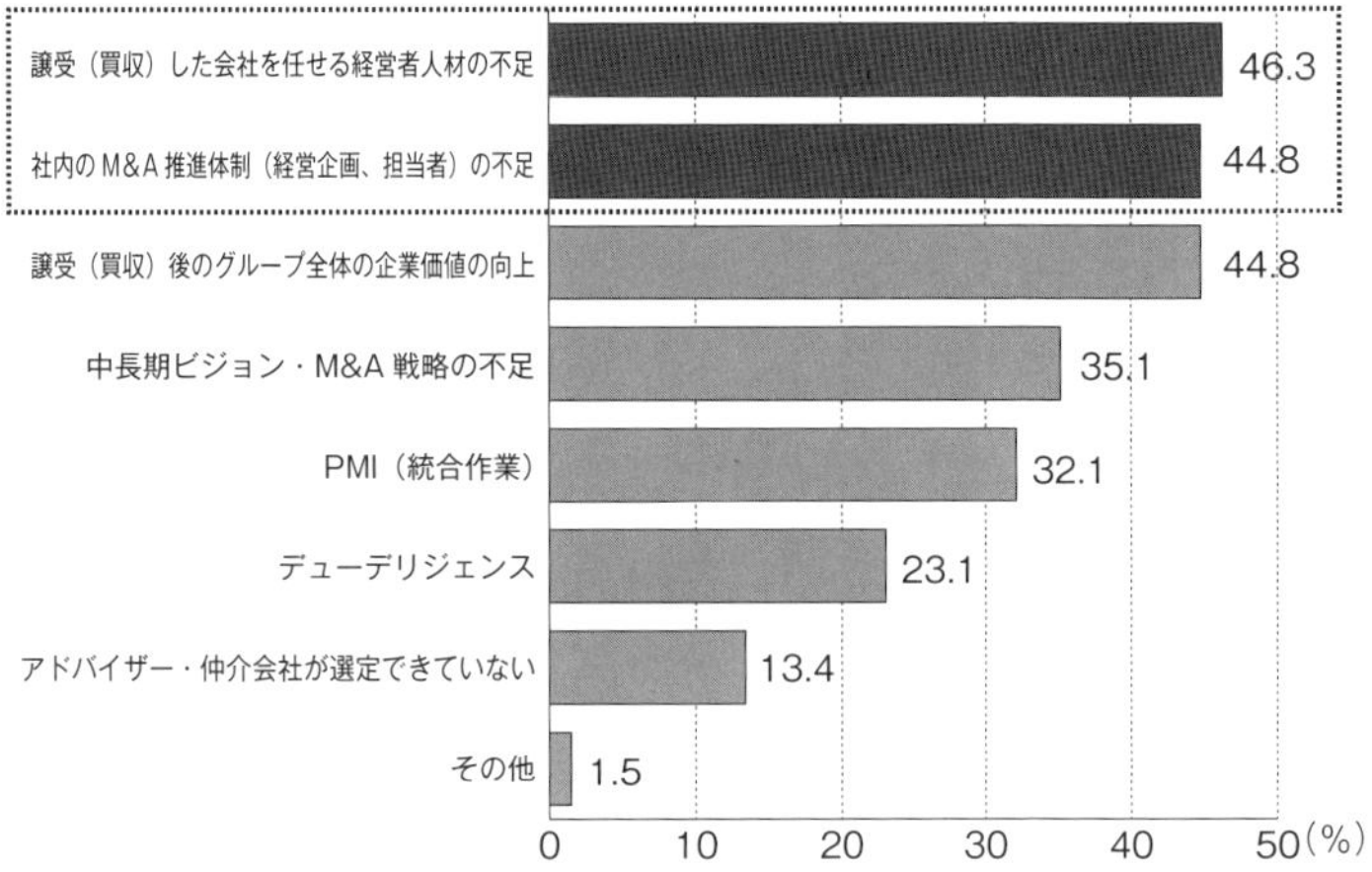

出所：タナベコンサルティング「2023年度M&A・事業承継に関するアンケート」

しかし、社長がすべての案件に目を通していくことは、企業規模が大きくなるほど時間も限られてくるため、現実的ではない。したがって、M&Aを推進していくためには「M&Aの専任担当者」の設置が有用である。

M&Aの専任担当者を任命して設置する場合もあれば、専任組織を設ける場合も考えられる。複数案件のM&Aをこなす企業であれば、M&Aの初期での検討を組織的に実施することも必要となってくる。専任組織を設置することにより、事業戦略を実現するための手段としてのM&Aが、「良い案件があれば検討しますよ」というレベルのスポット的戦略ではなく、常時活用が可能で、事業をドライブ（前進）させるための手段にもなり得る。

そのための組織設計には、次のようなパ

ターンが考えられる。

a M&A専任担当者の設置（個人レベルでの専任担当者の設置）

社内でＭ＆Ａの検討窓口を担う人材を任命するパターンである。Ｍ＆Ａをまだ実施したことがない企業や経験数が少ない企業は、初期段階では専任担当者の設置から始めるのがよいだろう。まずは窓口を設置することにより、一定数のＭ＆Ａの持ち込み案件が選定しやすくなるメリットがある。

専任担当者には、社内の管理部門メンバーに加え、仲介会社や専門会社で仲介、ファイナンシャルアドバイザー（ＦＡ）を経験した人材を採用して設置する場合が多い。昨今では、仲介会社や専門会社での経験を生かし、事業会社の経営企画や管理部門に転職を希望する人材も増えているため、以前に比べると採用しやすい環境といえるだろう。

一方、Ｍ＆Ａの経験人材は仲介会社、専門会社、事業会社などがこぞって欲しがる人材であるため、採用マーケットにおいては人材の希少価値が高く、年収も高騰している状況である。転職希望者のこれまでの仲介・ＦＡの経験件数やスキルを確認して、自社の希望する人材像とズレがないかどうかをしっかりと見極める必要がある。

b M&Aの検討機能を持った組織の設置（組織デザインによるM&A機能の付加）

事業をドライブさせるため、組織戦略の見直しを図り、ミドルオフィスを設置してＭ＆Ａの企画・検討機能を持たせるパターンである。Ｍ＆Ａを中長期ビジョン推進のための重要戦略と位置付けている企業や、中期経営計画で決めたことがなかなか推進できない企業において、戦略立案・推進機能を強化する一つの手段として実施する場合が考えられる。

Ｍ＆Ａは単なるコストではなく、既存の経営資源を強化したり、将来的な事業の柱を創出したりする、いわゆる「未来投資」の一種である。「会社を安く買えるか否か」という視点で案件を検討していると、企業価値向上に資するＭ＆Ａにはつながらず、譲り受けた企業の業績や従業員との関係も長くは続かない。したがって、この未来投資を企画・実行していく「未来投資推進部門」が必要となるのである。

Ｍ＆Ａの機能をどのように組織のなかに組み込むのか、という点についてはいくつかの方法が考えられる。

【経営企画部】

全社に関わる企画立案・戦略の推進を担う部門である。社内情報のリアルタイム共有、社外向けステークホルダーへの発信、自社の企業価値向上、社内向けエンゲージメント向上策の推進など、その役割は多岐にわたる。企業によっては、中期経営計画の策定で主導的な役割を果たす場合もある。その経営企画部門にM&A戦略の構築およびその後の案件検討の機能を持たせることが考えられる。全社を見ている目線から、関連する部門への検討の働きかけや役員との橋渡し役が期待される。

【財務戦略部（本部）】

いわゆる財務的な目線からM&A検討機能を果たすことを想定する場合である。財務系の部門では、全社のバランスシート計画やグループマネジメント構築など、結果数値をまとめる役割だけではなく、「未来の財務」に向けた企画が求められる。その際、将来の自社のバランスシートに大きな影響を及ぼすM&Aは最重要事項といえる。この視点から、財務系部門にM&Aの初期段階の検討を任せる企業もある。

まずは担当者レベルでM&Aの検討を始めるのか、検討機能を持たせた組織をデザインするのかを判断し、M&Aの持ち込み案件に備える動きが必要である。

②増加するグループ会社を束ねる組織プラットフォームへの移行

さて、前項では事業戦略をドライブさせるための土台となる、事業会社内でのM&Aの検討機能について述べた。本項では、別の視点から「M＆Aが実行・推進しやすい体制」を検討する。すなわち、「企業の構成＝グループの形」である。

株式譲渡によって企業をグループインさせていくと、必然的にグループ企業数は増えていく。M＆A開始当初は一、二社だったグループ企業が、五、六社と増えてくると、一事業会社の組織デザインにとどまらず、グループ全体の形をどのように設計するかということが、企業価値の向上に大きな影響を及ぼす。そのような課題を解決する手段の一つとして、「ホールディング経営」が挙げられる。

ホールディング経営は、持ち株会社（ホールディングカンパニー）を起点とした組織体制であり、事業部制と同じ独立採算制を基礎とした組織である。事業部制における事業執行の責任者は事業部長であるが、ホールディング経営における責任者は各社の事業会社の社長ということになる。

グループの基本的な形としては、持ち株会社の傘下に各事業会社が並ぶ形式になり、持ち株会社が共通の価値観や目指すべき方向を設計し、事業会社に必要な経営資源を調達・供給するグループ経営のプラットフォームを担うのである。また、資本面においても、持ち株会社が各事業会社の株式を保有するパターンが多く、資本構成がわかりやすい（簡潔）というメリットがある。

ホールディング経営は、M&Aと非常に親和性の高い経営技術である。それは次の二つの面からも知ることができる。

a 経営面

昨今のM&Aにおいて、譲渡企業が持ち株会社を中心としたグループに加わる際は、基本的にそれまでの経営方針を維持したまま加わることが多い。「慣れるまでの当面の間は現状を維持する」ということである。グループイン直後の譲渡企業の経営方針に大きな変更を加えることは、譲渡企業の事業の再現性を妨げる可能性があるためだ。

ホールディング経営では、共通の価値観や目指すべき方向を共有するが、事業会社の経営は原則、それぞれの社長に委ねることが多い。譲渡企業の従業員からすると変化の少ない状態で、新たな企業グループへ加わる感覚になる。

b 資本面

資本面では、シンプルな資本構成がM&Aの実施を促進する効果が考えられる。ホールディング経営は、中心となる持ち株会社の傘下に一〇〇パーセント子会社がぶら下がるような形式が一般的である。企業規模が大きくなるにつれて、子会社の傘下に孫会社ができたり、中間持ち株会社ができたりすることによって多層構造に「進化」していくが、最もシンプルな構造は二層構造の組織体制である。

この構造は、特に事業ポートフォリオ経営を推進する会社にとって有効である。M&Aを実施する際、譲受側になる場合は、持ち株会社が一〇〇パーセント株式を取得することで、株式譲渡が成立する。一方、自グループの事業会社を譲渡したい場合は、持ち株会社の保有する株式を譲渡することにより、簡潔に株式譲渡が完了する。事業ポートフォリオの組み替えを進めるグループにとっては、非常にM&Aを活用しやすい状況となるのである。このような効果を期待して、M&Aの実施を機にホールディング経営を導入する企業も存在する。

このようにM&Aと親和性があるホールディング経営は、グループの成長に向けた「建て増し可能な戦略モデル」といわれる（中須悟著『ホールディング経営はなぜ事業承継の最強メソッドなのか』ダイヤモンド社）。M&Aを活用し、企業価値の向上を目指す際には非常に有用な組織プラットフォームとなるのである。

③シナジーを創出するグループ経営システムの構築

M&Aにおいてシナジーを発揮するための課題の一つが、各グループ会社を束ねる仕組みをどのように組み込むかという点である。「外形的」な組織の最適化はすでに述べたが、グループ会社の数が増えることによって、各社がバラバラの方向を向いてしまったり、各社が同じような事務作業を行うことによって、間接機能で重複業務が発生したりして、コストの増加につながることがある。グループ会社間で発揮したシナジーが、管理コストの増加によって吸収されてしまっては意味がない。これらの課題を解決する方法として、「グループ経営システムの構築」が必要となる。

日本の多角化企業においては、伝統的に各事業会社（特に中核事業会社）の権限・影響力が強く、各事業会社の「部分最適」が優先される傾向があった。また、グループ本社（持ち株会社）において、グループ全体の司令塔として各事業会社に対して〝横串〟を通し、経営資源の最適配分、事業評価、実効的な経営管理のための共通プラットフォームを構築するといった機能が、必ずしも十分に発揮されていないのではないかという組織構造上の問題も根強くあった。

ＴＣＧでは、グループ経営システムの構築において、大きく三つの柱を軸にした仕組みをグループ内部で構築することを提言している。

a グループ経営企画機能

グループ経営企画機能はグループ全体の「企画・戦略」を担う機能である。例えば、グループ全体を共通の価値観で貫くためのグループビジョンマネジメント、事業ポートフォリオマネジメント、グループ事業計画やグループブランディングの企画・推進を実行することが主な役割となる。これらの業務を担当する部門を親会社に設置することがまず必要である。

b　グループガバナンス機能

グループガバナンス機能は、「グループの意思決定プロセスの整備と権限と責任の明確化」を目的に、事業会社をグリップするための機能である。主に、親会社と事業会社の権限・責任を再定義し、決裁権限規程や各種ルールの見直しを図ることが行われる。また、規程を策定するだけで終わってしまわないように、運用・定着も行う。例えば、策定した規程類が運用されているかどうかをチェックするグループ監査体制を併せて構築することで、グループ内のガバナンス・コンプライアンス体制を強化するのである。

c　グループマネジメント機能

最後に、「グループおよび事業会社を管理・評価する」ことを目的とした、グループマネジメント機能の導入である。グループ会社のパフォーマンスを最大化させると同時に、グループ全体の業務品質を向上させることが求められる。そのため、各事業会社が事業に集中できるように、グループ内の業績マネジメント方法を統一したり、グループ全体のCMS（資金管理システム／キャッシュ・マネジメント・システム）を導入してグループ会社の資金調達を簡便化したりする取り組みが考えられる。また事業会社の間接機能（総務・人事や財務・経理など）を一括して請け負う「シェアードサービス」の導入により、グループ全体の間接業務コストを圧縮し、シナジーによる収益を最大化させることが挙げられる。

このように、組織の外形的な形を整えるのと同時に、組織内部の仕組みを整えることで、M&Aによって増加したグループ会社を束ね、同じベクトルに向かって進んでいく推進力が生まれるのである。

④グループ経営者人材の育成による後継者育成とグループ会社「経営」

コーポレート戦略の最後は「グループ経営者人材の育成」である。M&Aを実行する際のネックになっている項目の一つが、事業会社を任せられる経営者人材の不足である。そもそも自社を任せる後継経営者の育成にも四苦八苦している企業が多いなかで、同じグループとはいえ、他の企業へ派遣する人材が不足している状況は理解できないわけではない。

とはいえ、昨今、事業承継M&Aが増加している原因は、前述したように「後継者不足」である。譲渡企業の経営者は一定期間、譲渡後も会社にとどまるものの、譲受企業から派遣される人材に代表権を引き継ぐことを期待している。M＆Aを積極的に活用していこうと考えている企業は、グループインした事業会社を任せられる経営者人材の育成をセットで考えないといけない。

後継者人材の育成方法には、自社内での「後継経営者育成プログラムの導入」と「実際の事業会社への派遣」という二つの組み合わせを推奨する。部長や事業部長クラスの目線から、経営者の目線にまで引き上げるためには、「事業センス」と「経営センス」を学ぶところから始める。また、座学では得られない知見は、経験によってのみ養われるため、実際に事業会社の長として派遣することも可能であれば実施してほしい。

M＆Aを実施している企業では、親会社の社長や役員が事業会社の代表取締役を兼務するケースが多い。一方、有望な経営者候補を共同代表として派遣したり、自身は会長に就任して、経営者候補を社長に据えて、サポート体制を敷きながら事業会社の経営を任せたりするパターンもある。

M＆Aによってグループインした企業を「経営」していくことが、企業価値向上の根幹である。グループイン後も、それまでと変わらず譲渡企業に「お任せ」の状態だと、譲渡企業のオーナーや従業員との関係性が悪化する傾向が見られる。「何を目的にグループインさせたのか」を意識して経営することが、譲受企業には求められているのである。

(2) ファイナンス戦略

①M&Aの効果を最大化させる財務戦略

M&Aにおいて経営者が最も期待することは、収益や財務的価値の向上といった「定量面」での評価の向上である。これはもっともなことである。M&Aで期待通りの投資効果が出ているかどうかが、ステークホルダーの関心事項にもなっており、特に上場企業においては、定量面の結果を出すことが求められるからである。

では、M&Aの効果を最大化させる財務戦略には、どのような手法があるのだろうか。

M&Aにおける財務戦略の視点は複数存在するが、大きくは「(M&A実行前)投資判断」「(M&A実行時)ストラクチャー設計」「(M&A実行後)モニタリング」という三つに分解できる。このうちモニタリングについては後述することとし、本項は投資判断とストラクチャー設計の二つについて解説する。

a (M&A実行前) 投資判断

M&Aは目的ではなく「手段」である。したがって、M&A戦略の策定時には、必ず投資判断のための条件についても検討する。例えば、資金調達方法、投資予算上限、企業価値算定方法などがこれに当たる。

投資条件をあらかじめ設定しておくのは、二つの理由からである。一つ目は、交渉が複雑化したりこじれたりした場合、冷静に考えるため立ち返る軸が必要になるからである。二つ目は、高値づかみをしないようにするためである。

投資予算の上限を設定する際には、自己資金を前提とした場合、必要運転資金などを差し引いた投資余力がどの程度あるかという視点で、投資額の上限を設定する。また有利子負債（デット・ファイナンス）を活用する場合は、金融機関からの借り入れや社債発行の上限額を確認することが必要となる。

中堅・中小企業がM&Aを実行する場合、増資などによる資金調達（エクイティ・ファイナンス）で行われることは少ない。日本は長らく低金利時代が続いたため、調達コストは資本調達よりもデットでの調達のほうが簡便で、かつ有利な場合が多いからである。通常は自己資金と借り入れによる調達を組み合わせた投資余力を、事前に設定する場合が多い。

ディールの初期に譲渡企業へ提出する意向表明書や基本合意書に、「本件M&Aにおける資金調達の方法」を記載する場合がある。これは譲渡企業がM&A実施時の資金の裏付けを事前に確認する意図がある。譲渡企業にとって、譲受企業の信用力や資本力はM&Aを実行する目的の一つでもあるからだ。大規模なディールのように融資証明をつけることはないが、少なくとも事前に自社の投資の財源を明らかにしておく必要があるといえるだろう。

b（M&A実行時）ストラクチャー設計

続いて、M&A実施時における実施方法（ストラクチャー）の設計である。M&Aの効果を最大化させるためには、ストラクチャーの設計と企業価値評価による高値づかみの回避が絶対条件である。ストラクチャーの設計においては、株式譲渡や事業譲渡など、M&Aに最も適した手法を選択しているかどうかが問われる。

また、特殊なストラクチャーの設計が必要な場合もある。例えば、LBO（レバレッジド・バイアウト）のようなパターンである。これは、譲渡企業の信用力（保有資産や将来的に生み出すキャッシュフロー）を担保に、少ない自己資金で多額の資金調達を実現するスキームの一つである。主にPEファンド（機関投資家や個人投資家から資金を集めて未公開株式に投資を行うファンド）が対象会社へ投資する際に活用するスキームで、事業会社のM&Aでも使われる場合がある。また、同様のスキームを活用して、経営陣や従業員が株式を買い取るMBO（マネジメント・バイアウト）やEBO（エンプロイー・バイアウト）がある。

このようなストラクチャーを設計した上で、さらに高値づかみをしないよう複数の企業価値算定方法を活用し、企業価値を測るのである。企業価値算定方法としては、「コスト・アプローチ」「マーケット・アプローチ」「インカム・アプローチ」の三つが活用されている（詳細は第5章で後述する）。このうち中堅・中小企業で最も活用されているのは、コスト・アプローチである。これは主に財務諸表（決算書）の「（時価）純資産」に着目したアプローチで、財務諸表をベースとした計算方法の簡便さに加え、わかりやすさが利点として挙げられる。

しかし、譲渡の対象となる中堅・中小企業の財務諸表は、上場企業のように必ずしも会計原則にのっとったものではない。節税策も含め各種の施策が織り交ざっており、いわゆる「正常収益力」を判断することは容易ではないため、財務諸表のみを基礎として企業価値を算出することは適当ではない場合もある。その際には、他の二つの方法も含め、三パターンで企業価値を評価し、企業価値を幅（レンジ）で示すことで、経済合理性を担保することも必要だろう。高値づかみをしないよう、あらゆる角度から対象会社を分析することが重要である。

②「事業価値」×「非財務的価値」のモデル設計

企業価値の向上で難しいのは、「定量的に表せない価値」をいかに評価するかという点である。そもそもM＆Aにおいては、企業価値に対する「ものさし」が譲受企業と譲渡企業で大きく異なる。譲受企業は「未来」を評価するのに対し、譲渡企業は「過去」を評価するということだ。この違いは歴然である。

【図表 3-3】バランスシート（B/S）で見る企業価値の蓄積

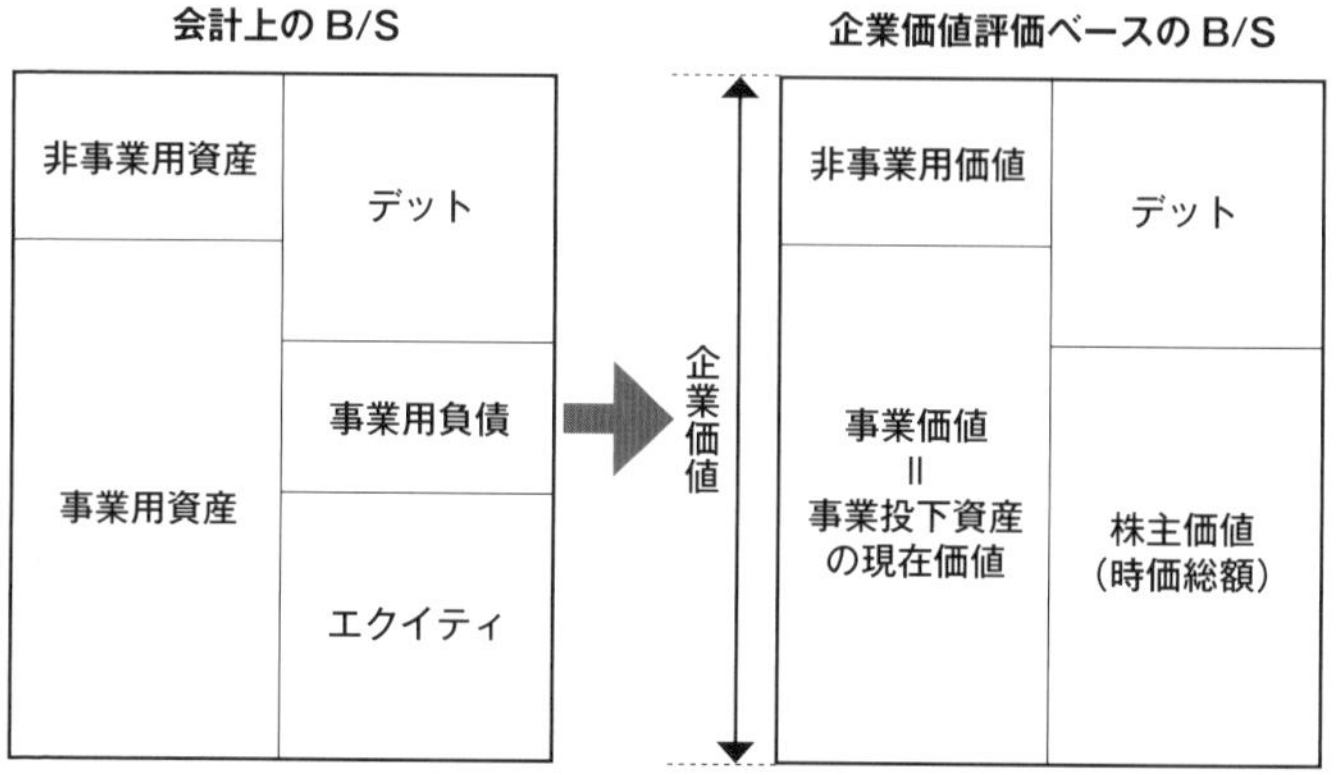

・**事業価値**
会社が行っている事業または事業に利用される資産が将来にわたって生み出す価値

・**企業価値**
事業価値に非事業用資産と非事業用負債の価値を加減算した価値

・**株主価値**
企業価値からデット（純有利子負債）を差し引いた価値

定量的に評価できるものについては、財務諸表や事業計画を基礎に算定が可能であるが、財務諸表に記載されない資産や価値をどのように評価するかによって、譲渡企業の価値は大きく変わる。また、それをグループに取り込んだ譲受企業の企業価値も大きく変わる。

一般的には、「事業価値」に「非事業用資産・負債」の増減を考慮したものが「企業価値」と呼ばれている。企業全体の価値を示す「ものさし」として長らく使われてきたが、この企業価値には、事業に関わるものと事業に関係ない資産・負債が混在している。しかし、重要な指標は企業価値を構成する「事業価値」である**【図表３‐３】**。

M&Aにおける事業価値には、単に事業と関係がある資産・負債という区別だけでなく、のれん（営業権）やその他の無形資産も含まれる。その事業価値に、非事業用資産・負債を増減させた企業価値から純有利子負債を差し引くと「株主価値」が算出される。これが株式価値であり、M＆A実行時での「譲渡対価」の参考値となる。

これらは財務諸表や事業計画など、可視化された定量的な資料から導かれる指標であるが、今後はそこに「非財務的価値」を意識した指標をどれだけ示せるかが企業価値上昇のカギを握る。非財務的価値とは、非財務資本（製造資本、知的資本、人的資本、社会・関係資本、自然資本）を蓄積・活用して創造した価値を示す。この非財務的価値の向上と、業績向上や株価上昇の因果関係についてはまだ明確に定量化されていないが、企業の持続可能性（サステナビリティ）に大きな影響を及ぼすものとして近年注目されている。

ＥＳＧ（環境・社会・ガバナンスを考慮した企業経営や投資活動）やＳＤＧｓ（持続可能な開発目標）への取り組みを中長期ビジョンで掲げるとともに、関連する非財務資本と活動に対してＫＰＩ（重要業績評価指標）を設定しモニタリングを行い、統合報告書で積極的に外部公開する上場企業は多い。また、自社の「健康経営」に関する指標をホームページ上で発信する中小企業も珍しくない。非財務的価値の向上に取り組む企業は確実に増えている。

自社のM＆Aを検討する際は、事業価値と非財務的価値を向上させるという二つの視点が、これからのM＆Aには必要である。これは情報開示の義務がある上場企業に限った話ではない。

M&Aを通じてグループ全体の企業価値を向上させるためには、売上高・利益の向上は当然のこととして、そこで働く従業員のエンゲージメント向上や取引先との関係性強化、会社や事業と関係する地域社会へどのように貢献できるかをイメージすることが重要だ。

③コングロマリット・プレミアムの創出とコングロマリット・ディスカウントの解消

「コングロマリット・ディスカウント」という言葉をご存じだろうか。例えば、「事業の柱がいくつもあることは、企業にとって良いことだろうか」との質問に対し、あなたならどのように考えるだろうか。事業の柱が多ければ多いほど業績に与えるインパクトは大きくなる。だから「良いことだ」と思われるかもしれない。しかし、事業の柱が増えるとジレンマが生じる。複数の事業のかじ取りを同時に行うことには多くの困難が伴うからだ。この現象がコングロマリット・ディスカウントである。

一般的にコングロマリット・ディスカウントは、多くの事業を抱える複合企業（コングロマリット）全体の企業価値が、各事業の企業価値の合計よりも小さい状態のことを指す【図表3-4】。事業ポートフォリオ戦略の展開による多角化は、不況時の業績変動を分散させるメリットがある一方、事業の全体像や相乗効果が見えにくいというデメリットがある。その結果、当該事業単体で経営する企業よりもマーケットでの評価が下がってしまうのである。背景には、マネジ

【図表 3-4】コングロマリット・ディスカウントのイメージ

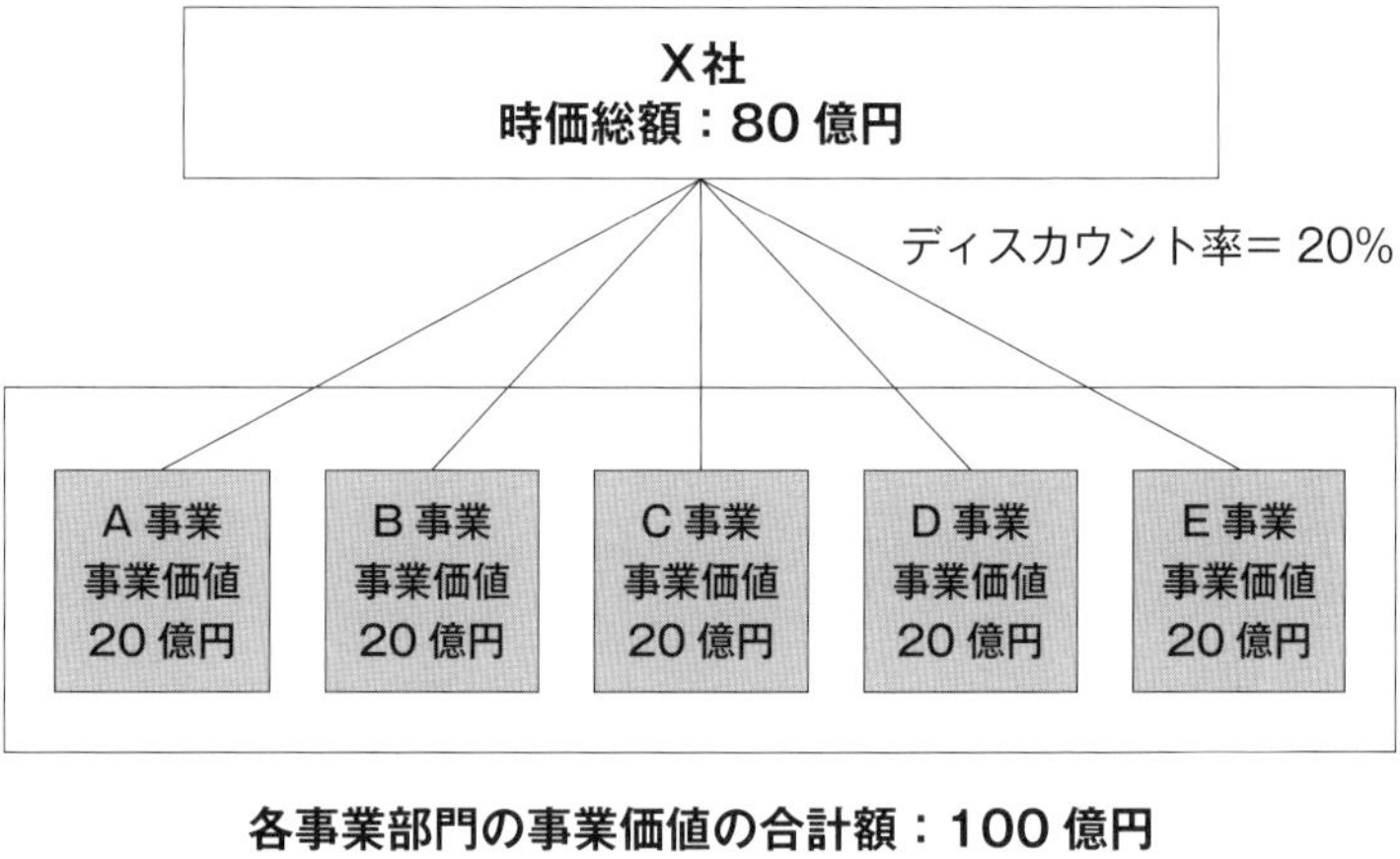

出所：経済産業省「第１回事業再編研究会（事務局資料）」（2020 年 1 月 31 日）をもとに TCG 加工・作成

メントの複雑さや業務内容の重複、また経営者が不得意分野で誤った判断を下してしまうといったことがある。

これらの懸念を払拭するためには、事業を増やすと同時に事業ポートフォリオの「最適化」が求められる。最適化とは、すなわち事業の「組み替え」である。事業を組み替えることで事業ポートフォリオがアップデートされ、企業価値の上昇へつながる善循環がつくられるのである。とはいえ、事業の組み替えを実行し、企業価値を向上させることは容易ではない。ソニーグループ、ソフトバンクグループ、日立製作所、東芝、セブン＆アイ・ホールディングスなど、名だたる大企業もこの問題に悩まされているのが実情だ。

では、コングロマリット・ディスカウント

から企業価値を上昇させた状態、すなわち「コングロマリット・プレミアム」を生み出すためには、どのような対策が必要だろうか。まず、「SOTP分析」によって自グループの企業価値を試算する。SOTPとは、複数の事業や資産を持つ複合企業の企業価値を評価する手法である。個別の事業ごとに評価額を算出し、それらを積み上げた企業価値の総和が、グループ全体の企業価値（時価総額＋有利子負債）よりも高い状態であれば、企業を一括りで見るよりも、個別に評価したほうが株主にとっては経済合理性があるという「理屈」である。

多角化によって企業価値が目減りしている企業は、この理屈を打破するため次に挙げる五つの対策を検討し、実行に移す必要がある。

a 事業：事業間シナジーの創出

コングロマリット・プレミアムを創出する上で最も重要なファクターは事業間シナジーである。事業間シナジーは、すでに多角化を実現した企業と多角化途中の企業とで異なる。前者は、各事業間に貫かれるコアコンピタンス（強み）を認識し、その強みに基づいて事業ポートフォリオを構築することが必要である。場合によっては、より細かく事業を捉えないとシナジーが発揮できないこともある。例えば、管理会計上のセグメント単位よりも一つ下のレイヤーである領域・分野で事業を捉えてみる。A事業のなかのC分野と、B事業のなかのD分野を組み合わせて新たな価値が生み出せるのではないか、という発想が必要である。

後者の多角化途中の企業では、既存事業を強化すると同時に、既存事業を軸に新たな事業開発やM＆Aによる事業の付加を行っていく。多角化にかじを切ったばかりの企業の場合、リスク分散効果への意識が強いため、事業間シナジーの必要性を感じられないかもしれないが、多角化を推進していく過程では、いずれシナジー発揮を意識した施策が必要になってくる。

b 組織：シナジーを最大化する組織再編

事業間シナジーを発揮するための組織構築は、プレミアム創出の必須事項である。複数の事業を束ねる「コーポレート機能の強化」が必要だ。すでに述べたホールディング経営への移行や、グループ経営システムの導入によるグループマネジメントの実現、経営資源の最適配置、コスト・コントロールの実行が必要である。

c 財務：シナジーを定量化するための指標の設定

シナジーを可視化するため指標を設定する。セグメントごとの売上高や利益などの管理会計の仕組みは必須であり、それに加えてKPIの設定も必要である。また事業を評価するという意味では、投資評価指標の導入も検討する。PPM（投資回収期間）やIRR（内部投資収益率）

などによって投資効果を検証していきたい。

併せて、グループ全体としての非財務情報（人的資本や知的資本）に関するＫＰＩも設定する。事業から生み出される事業価値と、それを支える非財務価値の組み合わせが、シナジーを生み出す根拠であることが主張できるようになる。

d ブランド：全社にまたがるブランドの展開

企業のブランドは、外部に発信するアウターブランドに限らず、内部のインナーブランドも含む。インナーブランドは、おおもとをたどれば企業を貫くパーパスやビジョンということになるのかもしれないが、各事業間をつなぐ思想・考え方があってこそシナジーは発現する。

e 開発（R&D）：複合企業だからこそできる開発体制の構築

最後に、複合企業の規模を生かした開発体制の構築である。シナジーを生み出すためには、絶えずイノベーションを起こしていく必要がある。マンネリ化した企業体質を打破するためには、稼いだ利益を次の開発に投資し、内部から付加価値を生み出していかなければならない。

コングロマリット・ディスカウントの特徴として、黒字事業が稼いだ利益を赤字事業が食いつぶすという事象があるが、赤字の内容によって解釈は変わる。今後の黒字化を目指した先行投資の状況なのか、慢性的な赤字なのかによって、打ち手が開発強化か事業ポートフォリオ再編かに分かれる。適切な事業評価がなされれば、解決が可能な問題である。

これら五つの視点をもとにコングロマリット・プレミアムを創出するため、オーガニック戦略（自社の内部資源を強化・活用して成長する戦略）で攻める部分と、インオーガニック戦略（他社との提携や企業買収を通じて成長する戦略）で攻める部分を見極め、事業に応じた最適な手法の活用が求められる。

（3）事業ポートフォリオ戦略

①（ビジネスモデル×ファイナンス×コーポレート）×投資戦略

コーポレート戦略とファイナンス戦略に続く最後の戦略は、それらを束ねる事業ポートフォリオ戦略である。

デジタル技術の急速な進化や新型コロナウイルスによるパンデミック（感染症の世界的大流行）、ロシアのウクライナ侵攻など世界的な経済環境の変化に直面し、企業はもはや単一の事業のみで長期にわたり生き残っていくことが難しい状況になりつつある。そのため成長企業は中長期的に「なりたい姿」を明確にし、ビジョンに基づいて相互に関連性のある複数の事業を営み、各事業の収益はもとより、事業間シナジーによって生み出される付加価値を基盤に成長を図っている。このような「事業ポートフォリオ」の構築は、今や多くの企業で採用されている戦略である。

事業ポートフォリオ戦略の難しさは、現在のポートフォリオが将来にわたって付加価値を生み出し続けることを保証しないということである。企業に求められていることは、自社の競争優位性を常に認識し、付加価値を生み出す源泉はどこにあるのかを問うことである。陳腐化した事業からの撤退や、新たな新規事業を立ち上げることでポートフォリオをアップデートする。さらに各事業を磨き上げることで付加価値を生み出し、ポートフォリオの「クオリティ」を高め、最適な状態を維持する。すなわち、「バランス」させ続けることが重要である。

ここでは、まず事業ポートフォリオの成り立ちにスポットを当てる。複数事業の立ち上げ方（オーガニック戦略・インオーガニック戦略）や、エリア展開を通じて変化に適応できる最適な事業ポートフォリオは何かを把握する。そして、最適化されたポートフォリオをより早く、効果的に実現させるための手法として、アライアンス戦略とM&A戦略に着目する。置かれている環境や成長スピードは事業ごとに異なる。時間をかければよいわけではなく、事業ごとに成長させる手法を見極め、より短期間で効果的に事業ポートフォリオの最適化を実現させるには、アライアンスやM&Aをどのように駆使したらよいかを確認する【図表3-5】。

【図表 3-5】ドメイン×バリューチェーンによる事業ポートフォリオ

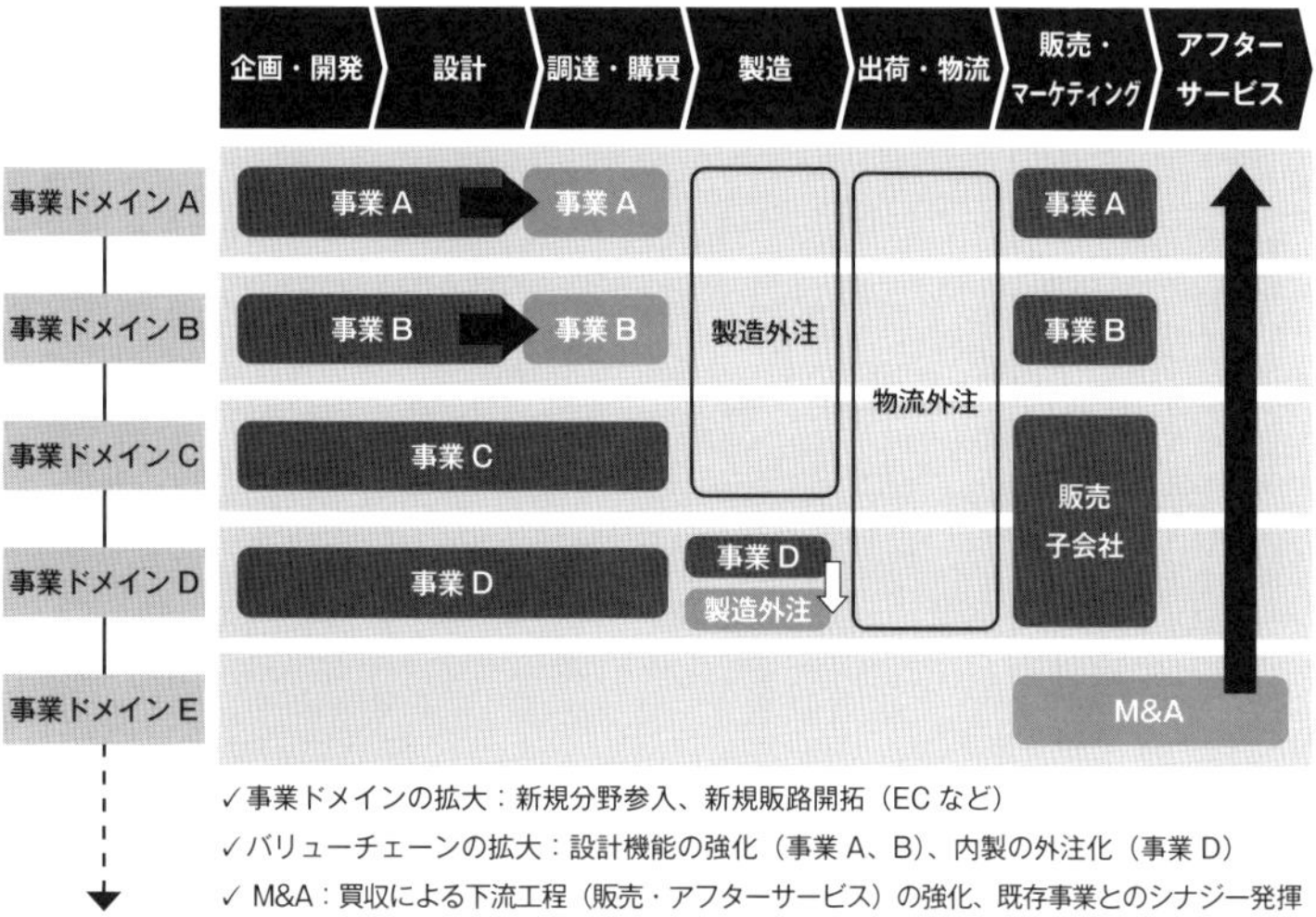

✓事業ドメインの拡大：新規分野参入、新規販路開拓（ECなど）
✓バリューチェーンの拡大：設計機能の強化（事業A、B）、内製の外注化（事業D）
✓ M&A：買収による下流工程（販売・アフターサービス）の強化、既存事業とのシナジー発揮

そもそも事業ポートフォリオとは、企業の利益の源泉である事業の組み合わせを示している。収益を単一事業に依存するのではなく、複数の事業の柱を持つことで大きな付加価値を創造し、各事業間のシナジーをも取り込んでより強固な収益基盤を構築する。これを「事業ポートフォリオ戦略」と呼ぶ。複数事業を展開して成長する企業は、各事業の収益性・成長性などを一覧化し、事業構成を将来にわたりどのように展開していくのか、さらには限られた経営資源をどのように配分するのかを絶えず見直すことで、持続可能な成長を実現させている。

事業ポートフォリオを構築するには、大きく次の三つの視点を持つことが重要である。

a 自社の事業構成の把握

一つ目は、「自社の事業構成の把握」である。自社の事業が単一事業であるならば、複数の事業の柱をつくるために、どの分野を強化していくかを考えることになる。一方で、複数の事業をすでに展開している場合は、各事業における競争優位性がどこにあり、その優位性が将来的にどのようにシフトしていくのかを検討することにより、各事業のバランスが決まる。このように自社の事業構成を俯瞰した上で、中長期視点で自社の事業構成をどのように変えていくのかを決め、その成長戦略に基づき投資をしていくことが、事業ポートフォリオを構築するための第一歩となる。

b 自社の経営資源の有無

二つ目は、「自社の経営資源の有無」である。実際に事業ポートフォリオを構築していく手法として大きく二つがある。前述したオーガニック戦略とインオーガニック戦略である。オーガニック戦略は社内に蓄積された経営資源を有効活用し、自社内での新規事業開発やエリア展開に再配分することで事業ポートフォリオを構築していく。一方、インオーガニック戦略は自社に足りない経営資源をアライアンスやM&Aによって外部から取り込み、事業ポートフォリオを構築していく戦略である。

オーガニック戦略は自社の経営資源に合わせて事業を立ち上げることができ、リスクを最小限に抑えることが可能となる代わりに、立ち上げに時間がかかる場合がある。インオーガニック戦略は経営資源を短期間で獲得できる代わりに、リスクまで自社に取り込む可能性がある。また、獲得に多大な資金を費やす場合もある。事業ポートフォリオを構築するためには、この二つの手法をうまく組み合わせていくことが求められる。

C　事業を展開する範囲

三つ目は、「事業を展開する範囲」である。これまで国内で事業展開してきた企業にとって、今後も国内市場は魅力的だろうか。事業の成長は、「固有技術の高さ×市場の広がり」によって実現する。固有技術が優れていても、縮小する国内市場だけで戦い続けるのであれば、将来にわたって成長することは難しい。事業の展開範囲をグローバル市場に広げることも視野に入れるべきだろう。一方、固有技術の進化のスピードは年々加速しており、顧客が求める付加価値も高まっている。自社が創造する固有技術の価値を磨き上げることで競争優位性を確立し、国内外を問わず成長市場へ展開し、新たな価値を創造しつつ顧客価値を高める事業ポートフォリオを設計することが求められる。

事業ポートフォリオ戦略は、「M&Aありき」で進めるのではなく、あくまでも選択肢の一つとしてM&Aを活用していく必要がある。重要なことは、一つ目の視点である、自社の事業構成を把握すること、すなわち自社のビジネスモデルを把握することである。自社の強みはどこにあるのかを捉え、強みを軸に事業を展開していくことだ。

また、展開するビジネスモデルに合わせて最適な組織戦略を構築し、最適な資源配分を実現する財務戦略を組み合わせることが大切である。そして最後に、それらの最適化された事業ポートフォリオのパフォーマンスを絶えず維持、スケールさせるための投資戦略（経営資源の投入）が求められる。すなわち、

（ビジネスモデル×コーポレート戦略×ファイナンス戦略）×投資戦略

という掛け合わせが事業ポートフォリオ戦略の効果を最大化させるのである。

②企業価値を絶えず向上させるカーブアウト戦術

かつて日本では、手塩にかけて育てた事業を他社に譲渡することは、従業員や取引先に対する裏切り行為とも捉えられ、好意的に受け入れられなかった。そんな風潮があったためか、経

営者も自らの意思で「戦略的に」事業を譲渡することは少なく、業績悪化などやむを得ない事情によって手放す場合がほとんどであった。しかし、昨今は業績の良い企業や事業であっても、グループの企業価値を下げる、または思ったような相乗効果が得られない場合は、譲渡を決断する事例が増えている。

事業ポートフォリオ戦略により絶えず企業価値を向上させるには、時代に合わせた事業構成の最適化が必要となる。そこで、自社の事業の一部を切り出し新会社として独立させる「カーブアウト」【図表3‐6】を活用し、切り出した対象事業を経営するのによりふさわしいオーナー（ベストオーナー）に譲渡することでコングロマリット・ディスカウントを防ぎ、自社グループの企業価値を向上させる。譲渡した事業も、新たなオーナーの下で成長を遂げる可能性が高まる。双方にとって良い結果をもたらすことにつながる。

カーブアウトを実施する際は次の点に留意する必要がある。一点目は「切り出す事業の範囲」である。対象事業のバリューチェーンを慎重に検討し、切り出す事業にひも付く機能・資産・契約関係・人材などを網羅的に特定することが求められる。余分な資産や機能を切り出してもいけないが、一方で必要なものを切り出さないと、新しいオーナーの下で事業を継続できないという問題が発生する。

二点目が「実施方法の選択」である。カーブアウトは、事業譲渡と会社分割の二つに大別さ

【図表 3-6】カーブアウト

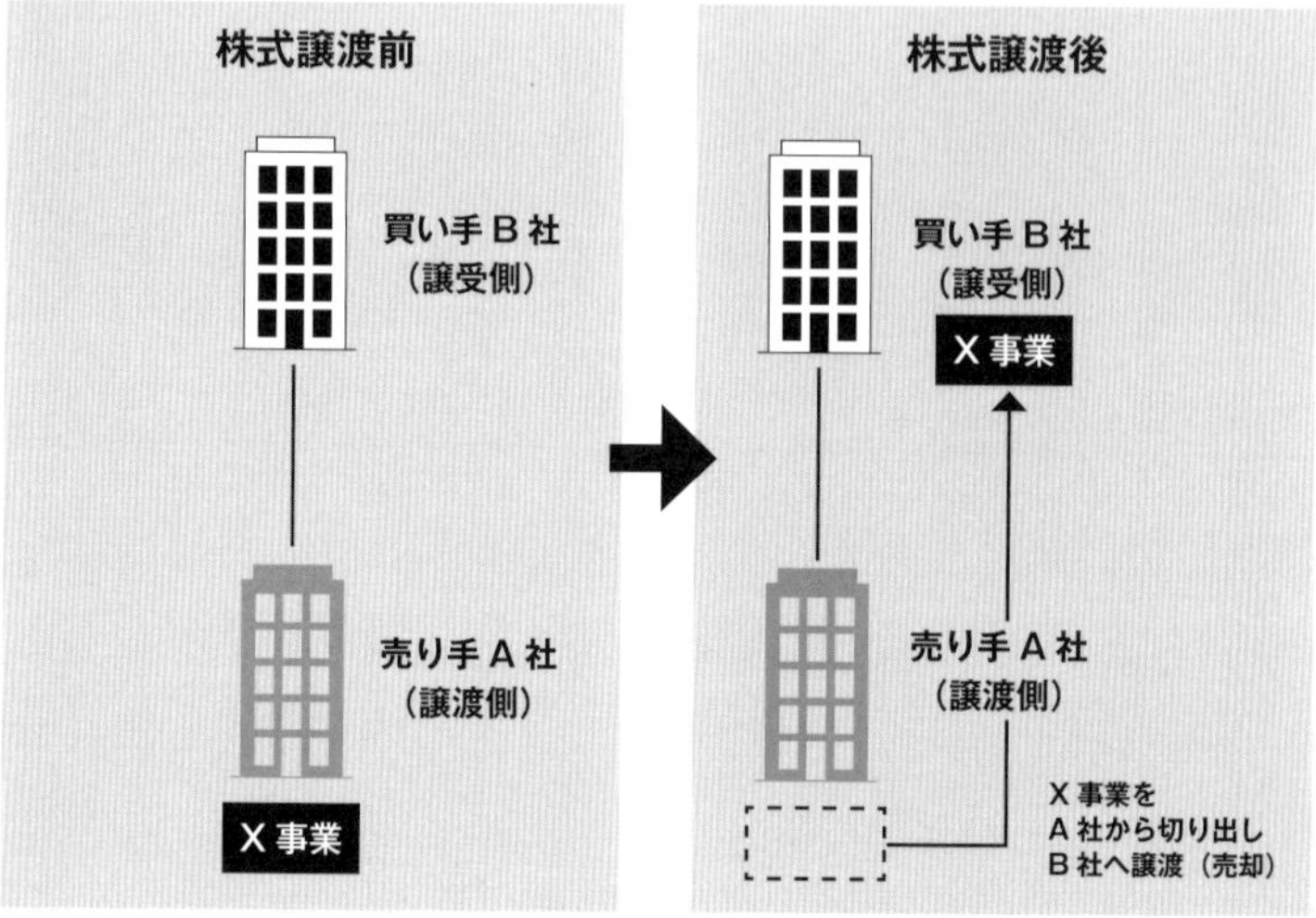

れる。会社分割は吸収分割という形で行われる場合と、「新設分割＋株式譲渡」の組み合わせで実施される場合がある。いずれの手法を選択するかは、事業、会計、法務などの観点から、メリット・デメリットを整理した上で、実現可能性や経済的条件への影響を踏まえて意思決定をする必要がある。

三点目は「切り出す事業の選択」である。これは最も難易度が高い。カーブアウトの根幹をなしているといえるが、どの事業を選択するのかは経営者にとって非常に悩ましい問題である。明らかに業績が悪化している事業であれば不採算を理由に譲渡を決定できるが、業績が良いにもかかわらず譲渡を決断する場合には、何を判断基準とするのかということである。その際に重要なのが、事業のパフォーマンスを定量的に評価する評価指標である。ＲＯＩＣ（投下資本利益率）やＲＯＥ（自己資本利益率）などを使って、常に事業のパフォーマンスを評価する仕組みを構築しておくことが、機動的な意思決定につながるといえる。

ＲＯＩＣについては次項で詳述するが、このカーブアウトもやはりM&Aの一種であり、戦略的に実行するという点ではM&A戦略の一部である。企業規模が大きくなり、抱える事業の数（セグメント数）が増えるほど、その効果は企業価値に大きな影響を及ぼすといえるだろう。

③投資戦略の柱たるＲＯＩＣ経営

事業ポートフォリオ戦略を支える、もう一つ大きな要素がある。それはポートフォリオの「評価」である。コア事業とノンコア事業の区別や収益性の高低のみによる評価ではなく、自社グループを構成する各事業のパフォーマンスを適切に捉え、総合的に判断するための指標が必要である。そのための判断基準として大きく二つの側面を紹介する。

a　投資判断基準の確立

前述したように、事業ポートフォリオの入れ替えにおいては、「ものさし」となる定量的な投資判断基準が必要だ。特に、複数事業を展開している場合、投資の範囲や分野は多岐にわたるため、全社で画一的な基準を適用して投資や撤退の可否を決めることは、必ずしも経済合理性があるとはいえない。したがって、事業別に投資判断基準を設定することが望ましい。

定量的な投資判断基準の考え方の主流は「各プロジェクト当初投資額＜投資後のリターン」の図式が成り立つか否かである。投資評価方法は複数あるため、事業に合った手法を選択することが望ましい【図表３‐７】。

投資判断基準を設定する際には、撤退基準を併せて設定しておくことが望ましい。事業ポートフォリオ戦略においては、事業の「取得（ｉｎ）」と「分離（ｏｕｔ）」は表裏一体である。この二つを機動的に運営できるような判断基準が必要である。

ｂ 業績評価指標の確立（ＲＯＩＣ経営）

ＰＰＭやＩＲＲが、長期的に生み出されるキャッシュフローに着目して、資本コストとの比較により投資可否を判断する投資判断指標であるのに対し、ＲＯＩＣは一年間の企業の業績を基礎として「投下した資本でどれだけの収益を得られたか」を測る指標である。税引き後営業利益を投下資本で除することによって算出される。

投下資本は、「投資家から調達した資本」と捉えるのであれば「有利子負債＋自己資本」を、「実際に事業で活用している資本」と捉えるのであれば「運転資本＋固定資産」で計算する。両者

【図表 3-7】事業セグメントの評価指標例

指標	概要	主なメリット
ROIC（投下資本利益率）	税引き後営業利益（NOPAT）÷投下資本	複数事業間で共通的に評価しやすい詳細に分解し、現場レベルでのKPIを設定可能
NPV（正味現在価値）	将来のフリーキャッシュフローの現在価値合計－初期投資額	キャッシュフロー、現在価値、リスクを織り込んだ指標
IRR（内部投資収益率）	NPVをゼロにする割引率	投資予算制約下で、より投資効率の高いプロジェクトを選択可能
APV（調整現在価値）	フリーキャッシュフローの現在価値＋節税効果の現在価値	資本構成が大きく変化する場合でも利用可能
EVA（経済的付加価値）	NOPAT－資本コスト（額）	資本コストを考慮した業績指標の設定が可能
売上高・利益の増加額	将来の売上高・利益の目標額	簡易的に作成可能
PPM（投資回収期間）	各年の事業利益の総和が投資資金と等しくなるのに必要な期間	簡易的に作成可能

資料：石野雄一著『道具としてのファイナンス』（2005年、日本実業出版社）他
出所：経済産業省「第3回サステナブルな企業価値創造に向けた対話の実質化検討会」事務局説明資料②（2020年1月20日）をもとにTCG加工・作成

が一致する場合、どちらで計算しても同じ結果になるはずであるが、実際は両者が一致することはない（非事業用資産の捉え方によって両者の間には差異が生じるため）。全社のROICを算出する場合は「有利子負債＋自己資本」を採用し、事業別のROICを算出する場合は「運転資本＋固定資産」を採用するなど、求める指標に合った使い方をすることが重要である。

ROICを活用することにより、従来の売上高（成長率）や営業利益（売上高営業利益率）、経常利益（売上高経常利益率）というP／L（損益計算書）を評価軸に、B／S（貸借対照表）を加味した評価軸が加わることになり、事業単位での収益性の精緻な把握と判断基準の設定ができるようになる。一面的な評価から多

面的な評価へ進化することにより、単なる利益の高低から、事業成長の将来性を考慮して意思決定ができるようになり、自社はもちろん、ステークホルダーに対する説明責任を果たす上でも大きな役割を担うことができるのである。事業ポートフォリオ戦略において、事業のｉｎ‐ｏｕｔを検討する場合になくてはならない指標といえるだろう。

④事業ポートフォリオを活性化させる事例

事業ポートフォリオ戦略によって成長を遂げている事例企業を紹介しよう。業績評価指標とカーブアウトをうまく活用し、事業の組み替えを行っているオムロン（京都市下京区）である。

【オムロン】――業績評価指標ＲＯＩＣを活用した事業判断

制御機器大手のオムロンは二〇一九年一〇月、車載事業を日本電産（現・ニデック）に約一〇〇〇億円で譲渡した。当時（二〇一八年度）の車載事業の売上高は一三〇五億円、営業利益が六三億円と決して不採算事業ではなかった。オムロンが算出したＲＯＩＣでも一〇パーセント程度の水準にあり、構造改革の対象となる事業ではなかった。

しかし、オムロンはカーブアウトを決断した。その要因は、「自社で車載事業を持続的に成長させることができるかどうか」という視点にあった。自動車業界はＣＡＳＥ（コネクテッド、

【図表3-8】オムロンのポートフォリオマネジメント
経済価値評価と市場価値評価を行い、最適な資源配分を実行

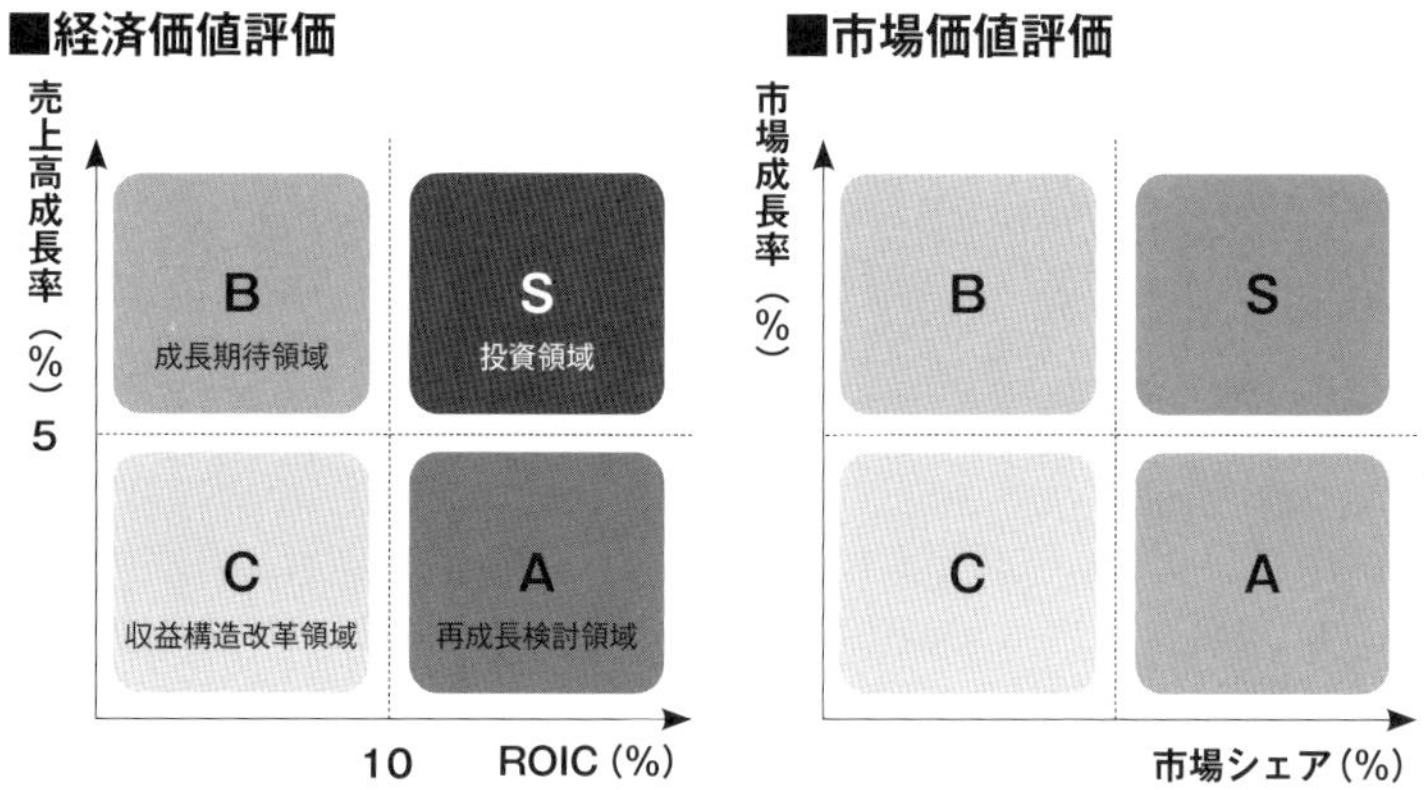

出所：経済産業省「第３回サステナブルな企業価値創造のための長期経営・長期投資に資する対話研究会（SX研究会)」プレゼンテーション①資料（2021年7月26日）／オムロン「オムロンの企業理念経営と事業ポートフォリオ戦略」

自動運転、シェアリング、電動化）を巡り、今後は激しい競争が予想される。競争に勝ち残るためには絶えず投資をしなければならないが、経営資源は有限である。このような状況を考慮し、注力する事業を絞った結果、車載事業の譲渡という決断に至った。「ベストオーナー」を見極めた結果である。

事業ポートフォリオ戦略では常に事業の組み替えが必要となるが、不採算事業だけではなく、高収益でも持続的成長を見込めない場合は「譲渡」という決断が必要になるのである。これは売上げや利益の増減率だけでなく、ROICという指標で業績評価を行った結果でもある。オムロンの車載事業の譲渡は、事業を多面的に評価した好例といえる【図表3-8】。

第4章

「戦略×成長 M&A」の進め方と戦略フェーズ

1 新しい経営技術としての「攻めのM&A」

今は先行きが不透明で将来の予測が困難な時代である。過去の延長線上で物事を考えていると、目先の激しい環境変化に適応していくことは難しい。一方、DXによる破壊的変革やさまざまな地政学的リスク、グローバル規模での企業の合従連衡・業界再編などが続いている。もはや一企業が単独・自力で持続的成長を目指すには限界が近づきつつある。

では、企業はどうするべきか。まず、中長期的に目指す「ありたい姿」を描き、その未来から逆算（バックキャスティング）して成長戦略を構築し、その実現の手段としてM&Aを駆使する必要がある。M&Aによって事業拡大や人材育成に要する時間とノウハウを買い、成長スピードを加速させることが可能である。前述したように、TCGでは、自社売却・他社買収にかかわらず、事業の持続的成長に向けたM&Aを「成長M&A」と定義し、戦略と一貫性をもって行うことを「戦略×成長M&A」と呼んでいる。

従来、M&Aといえば〝守り〟の経営技術というイメージが強かった。例えば、金融機関が破綻状態にある貸付先を救済するため資本参加したり、経営者が個人保証からの解放や老後資

【図表 4-1】企業価値を高める「成長 M&A」モデル

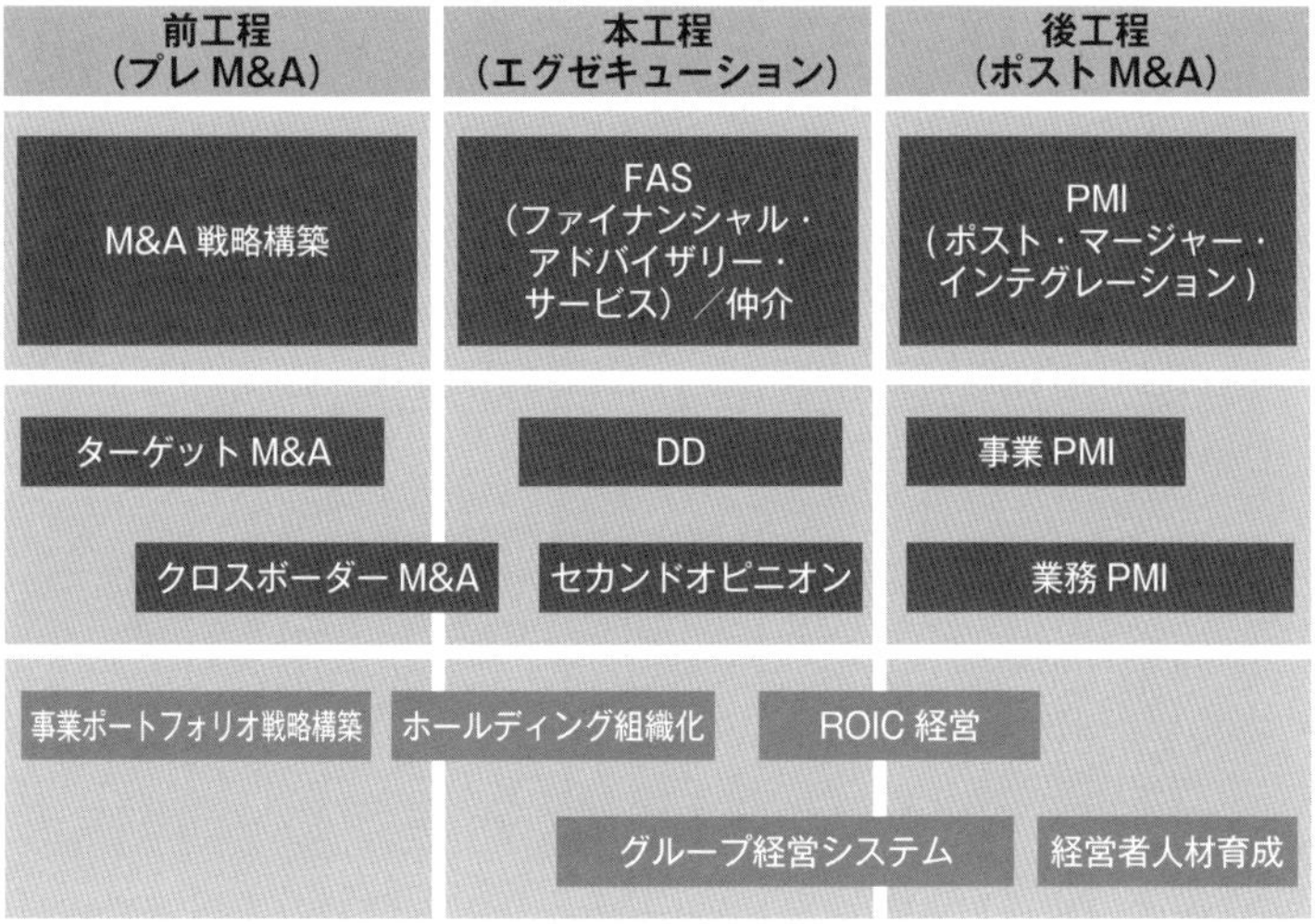

金の確保を目的に事業を手放したり、経営再建のため不採算事業を投資ファンドへ売却したりといったケースである。だが、M&Aをそうした身売りや切り売りのための方策ではなく、新たな「攻め」の経営技術として活用していこうというのが、「戦略×成長M&A」の基本コンセプトである。

経営環境が速く、広く、激しく変化するなか、企業は顧客や社会から「選ばれる会社」にならなければ、これからの時代を生き残ることはできない。M&Aを活用し既存のビジネスモデルや現状のコーポレートモデルを再構築するとともに、ホールディング経営の導入による組織再編、買収した会社を任せる経営者人材の育成などにより、経営統合のシナジーを生み出していく。これによって選ばれる会社を実現して初めてM&Aは「成功」といえる。

本章では、企業価値を向上する「戦略×成長M&A」の進め方を見ていく。それはどのように進めるべきか。前工程、本工程、後工程と三つのフェーズに分け、まずは前工程であるM&A戦略の構築について、一連の流れと重点ポイントを押さえていく【図表4-1】。

2 M＆A戦略の構築

（1）中長期ビジョンからの落とし込み

タナベコンサルティングが実施した事業承継・M＆Aアンケート調査（二〇二三年）によると、譲受企業がM＆A（買収）を考えるきっかけとして圧倒的に多かった回答は「事業の拡大・経営基盤の強化」だった。また、M＆Aを中期経営計画に盛り込むことを検討している企業は五三・一パーセントと半数超を占めた。M＆Aは多くの企業にとって事業戦略と不可分の施策になっているといえる。

中期経営計画は、中長期ビジョン（自社のありたい姿）からバックキャスティングによって検討することで環境変化や逆境に耐え得る計画が出来上がる【図表4-2】。このプロセスを経た中期経営計画のなかでこそ、M＆Aは真価を発揮する。そのためTCGでは、M＆A戦略は中期経営計画だけでなく、中長期ビジョンとの関係性を重視している。なぜなら、ビジョンは自社が目指す方向性を示すものだからだ。企業は進むべき航路を見失うと、風と波にもまれ

【図表 4-2】長期ビジョンの策定ステップ

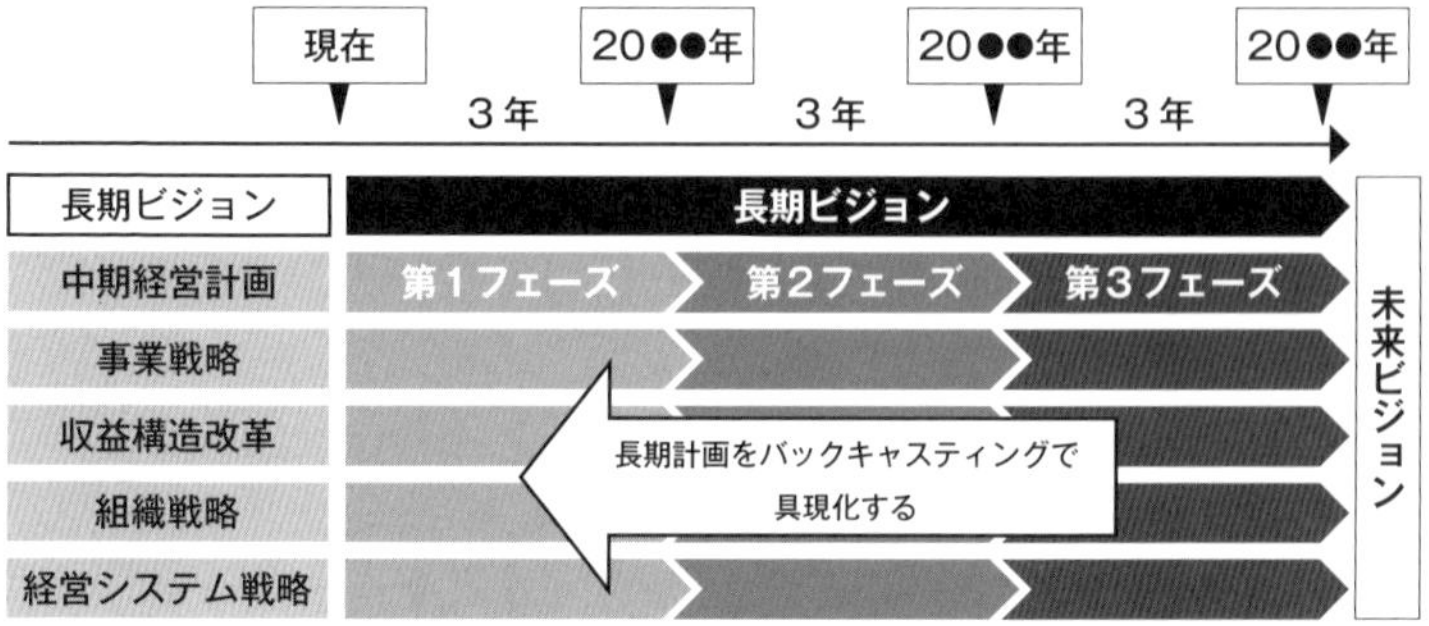

てあらぬ方向へと流されてしまう。そうならないためにも、企業は未来へ向かう羅針盤（ビジョン）と海図（中期経営計画）に従ってかじ取りをし、六分儀（先行管理）により現在位置を確認して針路の修正を図る必要がある。

最も重要なことは、M&Aはあくまでも「手段」であって、目的ではないということだ。「中長期ビジョンを実現するため、M&Aをどのように活用するかを定めたもの」がM&A戦略なのである。M&A戦略立案の出発点は、自社の中長期ビジョンにほかならない。

M&A戦略のポイントは、中長期ビジョンの有無と現状認識（レビュー）である。中長期ビジョンを策定していない企業は、まず一〇年先の長期ビジョンを設定し、そこから逆算していくと、三〜五年先までに自社がなすべき中期ビジョンが明確になる。その具体的な数値目標と行動計画が中期経営計画となり、目標と現実の姿を比較してギャップが大きければ、それを埋める手段としてM&A戦略が必要であるとの認識を持つに至るのである。

ビジョンという軸が明確であれば、さまざまな事情に一喜一憂することなく、しがらみに引っ張られることなく、M＆Aを意思決定することができる。

(2) 企業事例 東海光学ホールディングス

～中長期ビジョンに基づくグループ経営システムの構築～

次に、中長期ビジョンに基づいてM＆Aに取り組んだ企業事例として、東海光学ホールディングス（愛知県岡崎市）を紹介する。

創　　業：一九三九年（設立：二〇二一年）
売 上 高：一九七億九七〇〇万円（グループ合計／二〇二三年九月期）
従業員数：五六六名（グループ合計／二〇二三年九月現在／役員・アルバイト・派遣社員・特定技能を含まず）

眼鏡レンズの国内シェア一六パーセントを占める東海光学ホールディングス（以降、東海光学

ＨＤ）は二〇二二年八月、同社と同じ愛知県内に本社を構える光学部品メーカーの守田光学工業（愛知県豊橋市）をＭ＆Ａによってグループ化した。

東海光学ＨＤは二〇二一年一二月に設立された、眼鏡レンズメーカーの東海光学を中心とする持ち株会社である。東海光学は一九三九年創業の古澤レンズ工場を起源とし、当初はガラス製眼鏡レンズを製造・販売していたが、一九七〇年代よりプラスチック製レンズの開発に着手。一九八一年にプラスチック眼鏡レンズメーカー、サンルックス（福井県鯖江市）をグループ化したことが転機となり、ガラスレンズの光学メーカーから有機化学メーカーへと業容が拡大。また一九九〇年代より、レンズ製造で培った真空蒸着によるドライコーティング技術を応用して、映像・医療・通信・半導体など幅広い製品の光学薄膜コーティングを行う「光機能事業」の展開を進め、現在は成長エンジンの一つとなっている。

二〇〇九年に東海光学社長に就任した古澤宏和氏は、国内眼鏡事業を収益の柱に据える一方、中国やインドなど海外の成長市場へ積極的に進出を図り眼鏡事業を拡充してきた。しかし将来のあるべき姿をイメージしたとき、サプライチェーン再編や市場の寡占化など競争激化に対応しつつ事業のスケールアップを図るためには、現有の組織体制と経営資源だけでは制約があった。そこで古澤氏はＭ＆Ａも視野に入れたホールディングス化によるグループ経営の推進を決断。持ち株会社の設立に向け、二〇一九年にプロジェクトをキックオフした。

そのさなかのことである。古澤氏は、東海光学の取引先であった守田光学工業の守田智洋社長（当時）から相談を受けた。それは「後継者がいないので会社を引き受けてほしい」という内容であった。

守田光学工業は一九五一年創業のガラス光学部品の加工専門メーカーで、プリズム製造のプロフェッショナルである。医療・光学・通信・計測などに使われる多様な光学部品を製造し、その技術力の高さから大手企業との取引も多い。一九九九年に創業者の父親から事業を継いで社長に就任した守田氏は、二〇年以上にわたって経営を続けてきた。だが、体調面に不安はなかったものの、自身の高齢化に加えて後継者もいないことから事業承継に頭を悩ませていた。

守田氏はさまざまな選択肢を考えるなかで、取引先であり愛知県三河地域の優良企業として知られる東海光学であれば、安心して自社の経営を任せられると考えた。そして東海光学で守田光学工業を担当していた小﨑哲生氏に、本件の相談を持ち掛けたことが始まりである。東海光学が多様なパートナーとの業務提携により、新事業領域の開拓とグループ経営を推進して成長スピードを上げようと決意したタイミングであった。

東海光学の光機能事業がプリズム開発を進めており、守田光学工業も製造工程でドライコーティング技術が不可欠。両社の互いの技術を生かし、新たな製品・ビジネスを創出するシナジーのメリットは大きいとの判断に至り、M＆Aの交渉を進めることとなった。ただ、東海光学にとって守田光学工業はよく知った取引先とはいえ、会社をそのまま譲り受けるというのはリスクをはらんでいる可能性もあった。いくらで、どのような条件で話をまとめればよいかを探り、判断するのは当事者間だけでは難しい。そこで東海光学は、ＦＡとしてタナベコンサルティングを起用することとした。一方、利益相反を避けるため守田光学工業には東海地区の大手Ｍ＆Ａ会社がＦＡについた。

特に大きな問題点もなく円滑に交渉は進んだが、東海光学には一つ懸念点があった。それは守田光学工業のグループイン後の運営体制であった。長年社長を務めた守田氏が、Ｍ＆Ａによって経営から離れると、守田光学工業は従業員や取引先の求心力を失って今の事業体制を維持できない恐れがあった。〝買われた〟側の会社はどうしてもネガティブなイメージを持ってしまう。大切な技術者の退職だけでなく、重要な取引先が離反する可能性もある。そのため東海光学は、守田氏にはグループイン後も守田光学工業の代表取締役として一定期間残ってもらい、現体制を維持しつつグループとの緩やかな統合を図りたいと考えた。

守田氏としては、自分の後継者不在を解決するため東海光学へ相談を持ち掛けたのに、逆に社長を続けてほしいと打診されるのは想定外だっただろう。しかし、東海光学の古澤社長のたっての依頼と、会社の将来のためを思った守田氏は代表取締役を続けることを承諾した。また、予想外の出来事もあった。東海光学の担当者だった小﨑氏が「経営を担いたい」と手を挙げ、守田光学工業の次期社長となるべく専務に就任したことである。守田光学工業を東海光学グループの成長エンジンにしようと自ら行動を起こしたのだ。

そして二〇二二年八月にM＆A契約が成立。前年（二〇二一年）に設立した持ち株会社の東海光学HDと、事業会社三社体制（東海光学、サンルックス、守田光学工業）によるグループ経営がスタートした。その後、守田光学工業の経営の引き継ぎも円滑に進み、現在は小﨑氏が代表取締役社長に就任している。

東海光学と守田光学工業によるM＆Aは、シナジー創出を目指すグループ経営システム構築の成功事例である。その理由は大きく三点ある。一点目は、東海光学が中長期のグループビジョンを描き、それを実現するための成長手段としてM＆Aを選択肢に入れていたこと。二点目は、東海光学が守田光学工業との交渉開始と同時期にホールディングス化を進め、M＆Aがしやすい組織構造を構築したこと。三点目は、持ち株会社の東海光学HDと子会社三社における現場部門の指示命令系統の確立、人材採用・配置・評価、人事・教育制度の統一など、最適なグループ経営システムの仕組みを構築した点である。

もちろんM＆Aは、相手があっての交渉事であり、自社の戦略とまさに合致する会社と巡り合うことは容易ではない。だからといって、場当たり的に「財務内容が良いから」「割安だから」という理由だけでM＆Aに踏み切ると、グループの方向性が不明確になり失敗する例も多い。まずは自社が将来どうありたいかという中長期的設計が明確であり、そこを起点として現状とのギャップを埋めるための一手段として、M&Aを選択するのが建設的な考え方である。

また、M&Aによってさまざまな背景・社風を持つ会社とグループを形成しようとする場合、ホールディングス化による組織設計やグループ経営システムの構築による仕組み化・効率化が不可欠である。ぜひ東海光学HDの事例を参考に、グループ経営とM&Aの一貫モデルの実現に取り組んでいただきたい。

(3) 事業戦略との整合性の検証と実行時の判断基準の設定

私たちは企業経営者からM&Aの相談を受けるとき、具体的な企業名や業種が先に出てくる場合は、中長期ビジョンの有無とともに事業戦略を確認している。総論よりも各論、目的ではなく〝標的〟から出発したM&Aがうまくいかなかった例を多数見てきたためである。M&A戦略は、中長期ビジョンからの一貫性を持たせるとともに、事業戦略と整合性を取り、求める諸条件とともに具体的な企業や業種を挙げて検討していく【図表4-3】。

このステップを通じ、自社の投資判断基準や検討プロセスを明確化することによって、この後に続くエグゼキューション（一連の事務手続きの実行・管理）やPMIの指針にもなる。

M&Aの活用において重要なことは、M&Aによって事業を伸ばすことが適切かどうかとい

【図表4-3】M＆A戦略構築の全体像

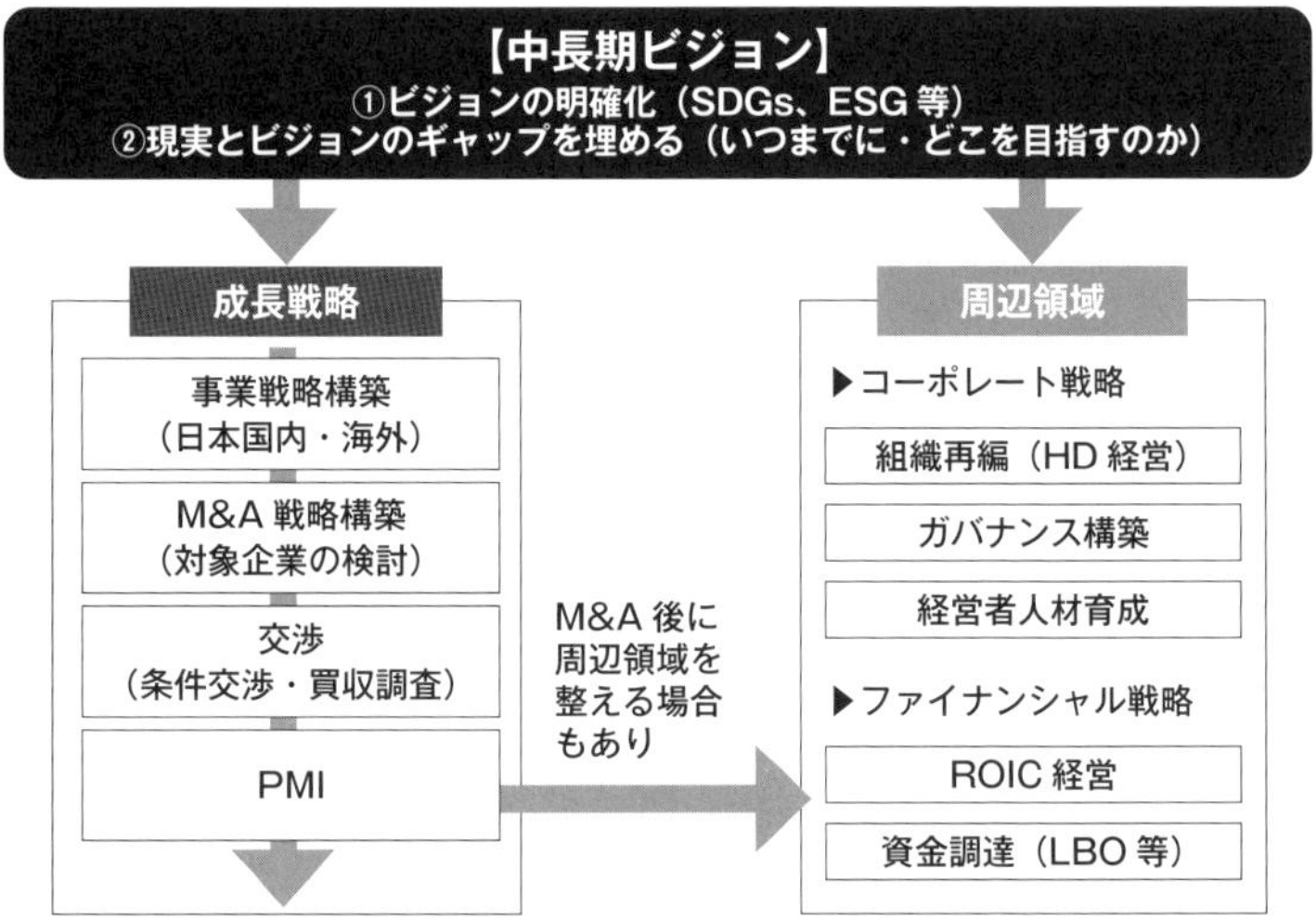

う点である。「M&Aありき」になってしまっては、適切な経営資源の配分ができない可能性が高い。すべての事業をM&Aで伸ばすという考え方も適切ではない。

複数の事業を展開したり（事業ポートフォリオの構築）、主力事業一本で勝負したりなど、事業戦略にはさまざまなパターンが考えられるが、いずれにしても、その事業戦略とM&A戦略は整合性が取れていなければならない。

例えば、主力事業とまったく関係のない事業を買収する場合、それらはいわゆる「飛び地」買収となる。単に事業ポートフォリオを拡大する目的でM&Aを実行するのであれば理屈は通るかもしれない。しかし、財務状態が良いという理由や、含み益のある資産を保有している状態で安く買収できるからという理由でM&Aを実行する場合は、一度検討が必要である。なぜなら、事業戦略に寄与するかどうかという視点が抜けているからである。

では、どのようなケースでM&Aが真価を発揮するのだろうか。すでに確固たるビジネスモデルを有し、既存事業の設備投資と人材育成が成長のカギを握る企業の場合は、オーガニック戦略が適しているだろう。業界に特化した採用エージェントの活用や人間関係を軸にしたリファラル採用の実施など、特定スキルを持つ人材を獲得していく。

一方、事業拡大に際して特定の経営資源を狙う場合、または不慣れな領域に進出する場合は、M&Aやアライアンスなど社外のリソースを活用するインオーガニック戦略が適している。特に、入手困難な経営資源（エリア、技術、ブランド、ノウハウ、許認可など参入障壁となる要素）を短期間で獲得する必要がある場合は、インオーガニック戦略の効果が絶大である。

例えば、製造業が海外進出するケースを考える。大口取引先の生産拠点が海外に移転し、連携して自社もその進出エリアに工場を建設する場合、現地で取引先の調達ネットワークや販売チャネルを活用できるため、バリューチェーンの構築が容易である。しかし、自社が単独で海外に工場進出し、一から自前でバリューチェーンを構築するとなると、膨大な時間と人手、資金がかかるのは想像に難くない。したがって、進出エリアの同業者を買収するか、アライアンスを組むかの選択が非常に有用である。

また、M&Aが事業拡大と直結しやすいのが「許認可事業」である。例えば、産業廃棄物処理業でいえば、処分の対象となる廃棄物が、大きく「産業廃棄物」と「特別管理産業廃棄物」に分かれ、さらに「収集運搬業」と「処分業」に分かれて規定される。都道府県知事または政令指定都市市長の許可を受けなければならず、許可のない者（法人）が運搬・処分を行えば法令違反となる。しかし、この許可取得の際には複数の書類をそろえる必要があり、そのための準備が大変なのである。しかも環境面や近隣住民への影響などを考慮し、申請しても許可がなかなか下りない。

許可が下りるまで時間がかかる上に、エリアをまたぐ形で事業を拡大する場合、当該区域ごとに許可を申請する必要がある。したがって、対象エリアで許可を受けている企業を買収するという手法が有効なのである。聞いた話だが、M&Aを検討していた産業廃棄物処理会社が、ある地域の処分場の許可証を持っているという理由だけで同業者を買収したケースがあった。エリアによっては許可証がそれほど貴重なのかと驚かされたものである。

いずれにせよ、事業戦略（ビジネスモデル）の特性によって会社の伸ばし方が変わってくる。その伸ばし方の選択肢の一つがM&Aなのである。事業戦略との整合性を取ると具体的なターゲット（対象会社）の選定基準も見えてくるようになる。対象会社に求める規模、エリア、保有する技術などを明確にすることで、自ら対象会社にアプローチすることも可能となり、他社からの持ち込み案件においても社内で意思決定を早期に出すことができるようになる。

また、M&Aを実行する上で、事業戦略との整合性以外に決めておかなければならないのは「投資判断基準」と「意思決定ルール」である。これは、M&Aにおける撤退基準にもつながる。経営資源は無限にあるわけではない。経営者は事前に投資判断基準を設定して、ある一定のラインを超えた場合は交渉から降りるという決断をしなければならない。

投資判断基準は、自社の保有キャッシュや資金調達可能額（財務レバレッジ水準）、投資の回収期間を勘案して設定される場合が多い。

意思決定ルールについては、買収に至る意思決定のプロセスを事前に決めておくことである。案件情報を最初に受けた際の交渉担当部署の明確化や、その後の重要事項をどの部門・担当で決定するかなど、あらかじめ定めておくことで交渉時の意思決定を迅速に進めることができる。意思決定に時間がかかる企業は交渉相手の信用を失う可能性があるため、注意が必要である。

3　M＆Aパートナーの選び方

（1）主なM＆Aパートナー

一般的に、M＆Aの実施意向を持つ企業はどのようなパートナーを通じて相手先（売り手、買い手）を探しているのだろうか。主なM＆Aパートナーとしては、専門仲介会社（M＆Aアドバイザー）や金融機関（都銀・地銀、信金・信組、証券会社など）をはじめ、士業（税理士、公認会計士、弁護士、司法書士など）、コンサルティング会社、M＆Aプラットフォーマー（マッチングサイト）、商工団体（商工会議所・商工会、各業界団体など）、公的機関（事業引継ぎ支援センター）、取引先や同業他社が挙げられる。「中小企業白書」（二〇二一年版）によると、譲受側（買い手）・譲渡側（売り手）ともに「金融機関」に探索を依頼する企業の割合が最も高く、次いで専門仲介機関が多い。「自社で独自に探索」する企業も三割超を占めている【図表4－4】。

M＆Aの成否は、一連のプロセスで支援してくれるパートナーの選定がカギを握っている。そのM＆Aパートナーを選ぶ際の「選定基準」と「M＆Aの支援方式」の二つに着目してみたい。

【図表 4-4】M&A における相手先企業の探し方（複数回答）

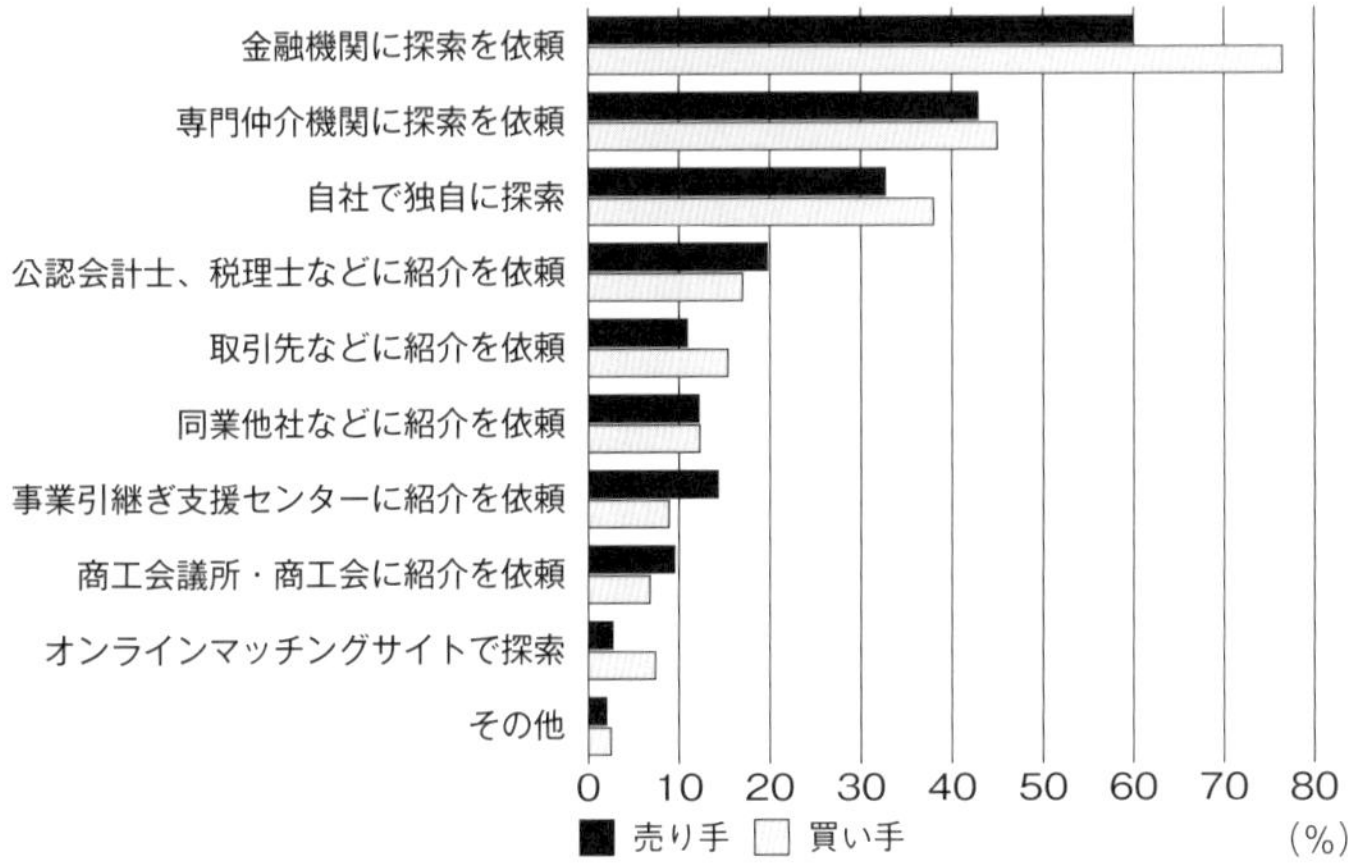

資料：東京商工リサーチ「中小企業の財務・経営及び事業承継に関するアンケート」（2020 年 11 月）
出所：中小企業庁「中小企業白書」（2022 年版）をもとに TCG 作成

まずパートナーの選定である。一般的には、M&A仲介会社やコンサルティング会社、金融機関、士業、M&Aブティック（M&Aを総合的にサポートする専門家集団を指す）、これらから独立開業した個人事業者などのなかから、「（企業の）信用力」「M&Aの支援方法」「これまでのM&A実績」を考慮して選ぶことになる。ただし、こちらもやはり譲渡企業と譲受企業で考え方に違いがあるため、それぞれの立場から見たM&Aパートナーの選び方について述べていこう。

①譲渡企業

M&Aによる事業譲渡を検討する場合、当然ながら多くの経営者（株主）は信用できるところと組みたいと考えている。最近ではさまざまなM&A会社や金融機関がダイレクトメールや電話などで営業活動を行っており、M&Aの文字が目に触れる機会も相当増えていることだろう。

パートナー選定として最も重要な点は、信用力などの外形的な基準以外に、その担当者個人と経営者自身の相性である。つまり、自身の考えが共有され、それに沿って行動する担当者か否かという点である。会社を譲渡するということは、経営者自身の人生において大きな決断であるため、一世一代の大仕事のパートナーとしてふさわしい担当者か否かに重点を置き、アドバイザーを選定したい。

②譲受企業

譲受企業は、案件を持ってくるアドバイザーとの出会いが最初の接点となる。よって、自社に「良い案件」を持ち込んだアドバイザーと連携していくパターンが多い。

しかし、アドバイザーのなかには、経験値が乏しい担当者や折衝力が高くない担当者もいる。案件自体は魅力的だが担当者が物足りず、結局、M&Aに踏み切れないケースもある。その際は、案件を持ち込んだ会社をアドバイザーとして起用しつつ、他の会社にセカンドオピニオン（第三者意見）を求める方法もある。

自社が顧問契約を結ぶ税理士や弁護士、または普段付き合いがある他の仲介会社などにセカンドオピニオンを依頼する。セカンドアドバイザーは交渉の前面に出てきて直接M&Aを進めるわけではないが、交渉のポイントを整理して経営者に伝え、主担当者の行動をサポートすることが可能である。良いアドバイザーほど事前に重要なポイント（案件交渉を見送る可能性も含めて）をリスクとして整理する傾向がある。早い段階でこうした情報を入手できるかが重要である。

（2）「仲介方式」と「アドバイザリー方式」の違い

次に、「M&Aの支援方法」である。M&Aには「仲介方式」と「アドバイザリー方式」の二つの支援方法がある【図表4－5】。

仲介方式とは、譲受企業・譲渡企業の間に立ち、案件交渉を仲立ちするタイプの方法である。日本独特のM&A支援方法であり、上場しているM&A会社はほぼ仲介方式を採用している。

特徴として、案件を成約させるために仲立ちをすることが目的のため、どちらか一方の当事者の主張を交渉してくれるわけではなく、「落としどころを探る」意味合いが強い。両社の利害を調整しつつ交渉をまとめてくれるため、短期間で成約に結び付きやすいメリットがある。一方で、両当事者から報酬を得ており、実態は「利益相反」に近い取引になっている。また、中立な立場で仲介をうたう企業は多いが、譲渡企業は一度きりの譲渡になるため、リピーターで

【図表 4-5】仲介方式とアドバイザリー方式の特徴

アドバイザリー方式	仲介方式
①案件規模は中小企業～大手企業まで取り扱う。 ②譲渡側または譲受側の専属コンサルタントとして業務を行い、報酬もFA契約当事者から得る。 ③「顧客の利益の最大化」「取引に伴うリスクの低減」を目的にアドバイスすることが主要業務。	①比較的短期・小規模案件(例:企業価値5億円未満、ディール交渉期間：半年以内)を取り扱うが、大型案件の場合もある。 ②「案件の成約に向けて仲立ちをすること」が主要業務。 ③譲渡側・譲受側双方と業務委託契約を締結し、成功した場合は双方から報酬を得る。
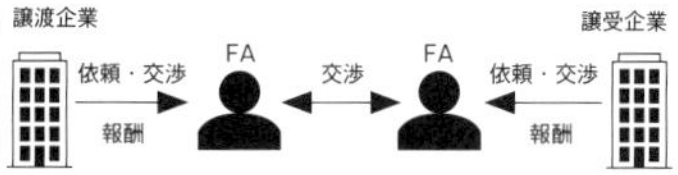 	
【メリット】 ・当事者の利益を最大化するため、じっくり交渉する場合に適している(海外では原則FA。大手M＆Aブティック、一部金融機関もFAのみの場合がある)。 ・M＆Aに関する業務を専門的見地からサポートしてくれる。 【デメリット】 ・互いにFAを立てるため交渉が長期化する可能性がある。	【メリット】 ・両者の利害を調整しつつ交渉をまとめてくれるため、短期的に成約しやすい。 【デメリット】 ・両者から報酬を得ており、実態は利益相反に近い取引になっている(1案件当たりの報酬総額が大きくなりやすい)。 ・中立的な立場からの仲介をうたう事業者は多いが、譲受側への便宜を図る傾向がある(リピートの可能性があるため)。
〈主なプレーヤー〉 金融機関(銀行・証券)、コンサルティングファーム、税理士・公認会計士法人など	〈主なプレーヤー〉 M＆A仲介会社(プラットフォームを構築し、案件情報量の多いことが特徴)

ある譲受企業への便宜を図る企業が存在するなどデメリットも指摘されている。

　また、最近では仲介会社が案件を無理に成約させようとして、当事者ともめるケースも散見される。例えば、本来は落としどころを探るべき仲介会社が片方の当事者の意向に引っ張られるパターンである。最も顕著なのは価格交渉の場面である。譲渡企業の譲渡希望価格が企業価値評価で算定した価格よりも高い場合、譲渡企業の説得ではなく、譲受企業に金額のアップを依頼することがある。譲渡企業に価格の修正を依頼することで気分を害して、仲介契約を解除されることを仲介会社は恐れている。そのため、譲受企業に条件をのんでもらうことに注力するのである。しかし、これは譲受企業の意向を軽視することになる。「中小M&Aガイドライン」では、仲介をする場合は一方の当事者に寄り過ぎないように注意を促しているが、この部分に違反する可能性がある。このように仲介業務は両当事者の主張・意向のバランスを取ることが非常に重要である。

アドバイザリー方式は、譲受企業側、譲渡企業側のいずれかの側に立ち、交渉をサポートするタイプの方法である。海外では、この方式が一般的である。利益相反が起こらない形式であり、クライアントの利益の最大化と取引に伴うリスクの低減を目的にアドバイスをすることが主な業務となる。当事者の利益を最大化することに主眼を置いているため、じっくり交渉する場合に適しており、M&Aに関する業務を「狭く・深く」専門的見地からサポートしてくれるというメリットがある。一方、互いにFAを立てるため、交渉が長期化する懸念があることがデメリットとして指摘されている。

仲介方式とアドバイザリー方式は一長一短があり、案件の性質に応じて使い分けることがベストである。例えば、規模の小さい中小企業を譲り受けるような場合、双方でFAを立てる金銭的な余裕はないが、複雑な交渉を避けたいときは仲介方式を選択する。一方、取引規模が大きくなる中堅以上の企業同士のディールの場合、アドバイザリー方式を選択して双方でFAを立て、交渉における論点を明らかにした上で進めるほうが双方の利益に資すると考えられる。

したがって、M&Aの支援方式を選択する場合は、案件の「規模」「スピード感」「当事者の経済事情」を考慮して選択することをおすすめする。

（３）Ｍ＆Ａの手数料体系

Ｍ＆Ａの手数料は「仲介手数料」や「アドバイザリー報酬」などと呼ばれており、その手数料体系は確立している部分と、各Ｍ＆Ａ支援企業に委ねられている部分とが存在している。まず、Ｍ＆Ａ支援に関して支払う手数料には、「計算方法」と「支払いのタイミング」の二つのポイントがある。

まず、当事者の気になるところが手数料の「計算方法」であろう。手数料総額の計算方法は、大扱う案件の規模によって異なり、またＭ＆Ａ会社によっても異なる。案件規模については、大企業同士がＭ＆Ａ当事者になる場合は、Ｍ＆Ａ会社と依頼主との間で相対交渉によって手数料が決まることが多い。これは、案件規模が大きい場合、単純な料率計算で手数料を計算すると、莫大な金額になってしまうことも影響していると考えられる。

一方で、中堅・中小企業が当事者になるＭ＆Ａの場合には、一般的に「算出基準×手数料率」で表される。手数料率の根拠となる料率表は、各社ともほぼ統一されている。この料率表は「レーマン方式（レーマン・テーブル）」と呼ばれる。各社で異なるのは、算出基準のほうである。この算出基準には、主に「取得価格（譲渡対価）」と「移動総資産（または時価の総資産）」が存在する。どちらを算出基準に採用するかにより手数料総額は大きく異なってくるのである。

取得価格（譲渡対価）は、株式取得にかかる費用すべてを含むパターンが多い。例えば、株式譲渡対価や同時に役員を退任する場合はその退職金なども含む。移動総資産は、簡単に示すと「取得価格プラス負債」である。計算方法が複雑になることを回避するため、移動総資産に代えて、（時価）総資産を採用するM&A会社もある。「対価」と「資産」を比較したとき、移動総資産は、取得対価にさらに負債を足すため、基本的に取得対価を採用した場合よりも手数料が高額になる傾向がある。

続いて、「支払いのタイミング」である。支払い方法は主に、「成功報酬型」と「リテーナー（月額）型」の二つがある。どちらかを採用する場合もあれば、両者を組み合わせる場合もある。成功報酬型は、M&Aが譲渡契約締結に至った場合にまとめて報酬を支払うパターン。一方のリテーナー型は、毎月報酬を支払いながら、ディールを進めるパターンである。リテーナー型は、M&Aが成約に至らなかった場合でも返金しないことが多い。

支払いのタイミングは、大きく分けて三段階プラスオプションがある。三段階とは「着手金」「中間金」「成功報酬」の三つである。

まず着手金は、M&A開始時に支払う報酬である。タイミングとしては、案件開始時からトップ面談前に発生するケース（数十万～数百万円）が多い。着手金はM&Aの本気度を確認する意味で設定されるケースがあるが、昨今では、M＆Aへの取り組みやすさも考慮して着手金を廃止するM＆A会社もある。

中間金は、相手方との間で独占交渉権が発生したタイミングで支払う報酬である。意向表明書の提出による独占交渉権獲得時や基本合意契約時に発生するケース（手数料の数十パーセントを設定）が多い。また成功報酬は、最終契約後、クロージング時に支払う報酬である。

M＆Aの手数料は高額になるケースが多い。また、手数料の負担者は譲受企業と譲渡企業で異なる。譲受企業は会社の費用になるが、譲渡企業は株主の費用（例えば、代表取締役が一〇〇パーセント株主であれば社長個人が費用負担する）ということになる。重要なポイントは、手数料は開始前にM＆A会社へ必ず確認する必要があるということだ。

M＆Aは譲受企業によっては投資になるため、手数料も含めた投資総額の設定が必要である。しかし、手数料が高いからその投資をやめるということであれば、事業戦略の実現に遅れが出てしまう。一般的に、手数料は取得価格と比べれば金額は低い。対象会社から生み出される収益で回収できる根拠があれば、投資の実行に踏み切るという判断も必要である。

4 M&A候補企業の探索——「良い案件」との出合い方

(1)「待ち」と「攻め」の二通りがある

M&Aコンサルティングのなかで、「(欲しいと思える)良い案件と出合うためには、どうすればいいですか」という質問をされることが多い。「どのような案件をご要望ですか」と聞くと、財務状態が良好で事業も魅力的、従業員はイキイキとしていて……などと返ってくる。しかし、そうした抽象的な条件をいくつも挙げてM&Aを検討していると、いつまでたっても理想の相手とは出合えない。ここでいう〝良い案件〟とは、「買い手(譲受側)にとって魅力的な会社」ということだ。譲受企業が挙げる買いたい企業の条件で、定性的・抽象的な内容が多数を占めると、良い案件と出合うことは難しい。選ぶ側は、選ばれる側でもある。相手を選ぶ条件を付けるほど相手から選ばれなくなる。

では、良い案件と出合うためには何が必要か。大きく分けて二通りの方法がある。一つ目は、M&A仲介会社から買いたい企業の情報を引き出す「待ち」の方法である。この場合、買いたい企業の条件をより具体的に、M&Aアドバイザーに伝えることが必要不可欠である。併せて、自社が本気でM&Aを検討しているという姿勢を示すこともきわめて重要である。

二つ目は、買いたいと思う企業に自らアプローチをする「攻め」のM&Aである。こちらの場合、買収のターゲットとなる候補先企業名を挙げてリスト化し、個社ごとに譲渡ニーズを探っていくものである。TCGでは、「どの分野のどういった企業・事業を買収するのか」という明確な目的を設定（ターゲティング）し、具体的な買収候補先企業に効率よくアプローチすることを「ターゲットM&A」と呼んでいる。

（2）「待ち」のM＆A

待ちのM&Aは、M&Aアドバイザーとの関係値がものをいう。M&Aアドバイザーは、優良な譲渡企業が見つかった場合、その情報提供先として主に四つの候補から選択する。①過去の仲介取引先、②M&Aの実績が豊富な先、③事前に買収条件を聞いた企業のうちマッチングする可能性があると思われる先、④情報収集ではなく本気でM&Aを検討している先、である。M&Aアドバイザーはビジネスライクに物事を考えるため、成約に至る確率が高い実績先やリピーターである①と②へ、優先的に案件情報を持ち込むことが多い。

現在のM&Aマーケットは「売り手市場」と呼ばれる状況である。貴重な譲渡案件をどの会社に提案すれば、確実に成功報酬が得られるかをアドバイザーはシビアに見るため、成約までのストーリーが明確な先（検討スピードが速い先）に提案することが必然的に多くなる。しかも、良い案件ほどマーケットで滞留する前に交渉がまとまるため、M&A未経験企業や条件を詰め切れていない企業のもとに案件情報が回ってくる確率は低い。つまり、これからM&Aを検討する企業の場合、M&Aアドバイザーと定期的にコンタクトを取り、買いたい企業の条件を具体的に示すとともに、M&Aに意欲的な姿勢を明確にする必要がある。そうでなければ、「良い案件」が自社に回ってくる機会は限られ、情報が入ったとしても〝引き取り手〟が見つからない滞留案件がメインになってしまう。

「待ち」のM&Aは、いかにアドバイザーや仲介会社から適切な案件情報を引き出せるか、そのための仕組みづくりが重要である。アドバイザーや仲介会社に媚びを売るということではない。まず、しっかりとM&A戦略を立て、買収対象先の地域・規模・業種などの詳細を煮詰め、M&Aの目的と譲れないポイント（例えば、従業員の資格の有無や平均年齢など）を整理し、その戦略に基づき買いたい企業のイメージや条件をアドバイザーに伝え、マッチングの確率を上げることが必要になる。その際、案件探索の進捗を確認するための情報交換を定期的に行うこともポイントである。また、人気業種の譲渡案件はすぐに買い手がつく。アドバイザーや仲介会社への手数料を節約しようという発想では、他社に案件を持っていかれる可能性が高い。譲受企業はあらかじめＭ＆Ａ投資総額（株式譲渡価格＋アドバイザー手数料＋ＤＤ費用など）を決め、買収実施の判断にかける時間を短縮することも有用である。

（３）「攻め」のＭ＆Ａ

続いて、「攻め」のＭ＆Ａである。こちらは、買い手側が欲しいターゲット企業に直接アプローチする手法である。社内でＭ＆Ａ戦略と合致する企業を抽出し、リスト（ロングリスト）を作成する。ただし、この時点では、リスト化した企業が事業を第三者に譲渡したいというニーズを持っているかどうかはわからない。

リスト作成後、さらにそこから対象会社を絞り込む（ショートリストの作成）。ここからアプローチを実施する。アプローチ方法はいくつかあるが、自社グループへ入ることによるメリットをアピールして、反応を確認することが一般的である。リスト企業に対して自社が直接アプローチする場合もあれば、コンサルティング会社やＭ＆Ａ仲介会社、メインバンクがアプローチを代行する場合もある。自社が交渉に直接乗り出すと、業界内でうわさになったり事業を行う上でやりづらくなったりする場合があるので、第三者にアプローチの代行を依頼するケースも多い。

一方で、「攻め」のＭ＆Ａにはデメリットもある。アプローチをかける段階では、自社が欲しい企業の譲渡ニーズが熟しているかどうかはわからないので、交渉に至らないケースが多い。また、自社では「良い案件」と考えていても、相手にとって自社が必ずしも「良い案件」とは限らない。欲しいタイミングでM&Aに発展せず、長期的な取り組みになる場合もある。

このように「攻め」のアプローチは、相手側の譲渡意思がわからない以上、当然ながら不成立の確率が高い。体感的だが、直接アプローチのヒット率は数パーセント以下ではないだろうか。そのためアプローチには数が求められ、定期的なフォローも必要となってくる。ただ、定期的なフォローを続けていれば、数年後にM&Aに発展することもある。

5 クロスボーダーM&A

（1）現在の動向と今後の展望

二〇〇七年以降、日本企業の海外拠点数が急ピッチで増えている【図表4-6】。二〇〇六年の約三万二〇〇〇拠点から、二〇〇七年には約四万九〇〇〇拠点と一・五倍に増加し、現在（二〇二二年時点）は約八万拠点に上る。「二〇〇七年」といえば、日本の出生数が死亡数を下回る自然減が始まった年である。円高とデフレ経済の進行、低金利政策、さらには少子高齢化と人口減少の進展による国内需要縮小への懸念で、企業の海外進出強化に拍車がかかった形だ。

それに伴い、日本企業のクロスボーダーM&A件数も、リーマン・ショックとコロナ禍を除いて増加基調を続けており、以前に比べて日本企業のクロスボーダーM&Aの経験値もかなり蓄積されてきている。大企業だけでなく、中堅・中小企業も海外拠点を展開するようになり、進出するエリアも米国、欧州だけでなくアジア全域、南米、アフリカなどにも広がりを見せている。今やクロスボーダーM&Aによる海外戦略は、企業経営にとって持続的成長に欠かせな

【図表 4-6】日本企業のクロスボーダー M&A 件数の推移（単位：件、拠点）

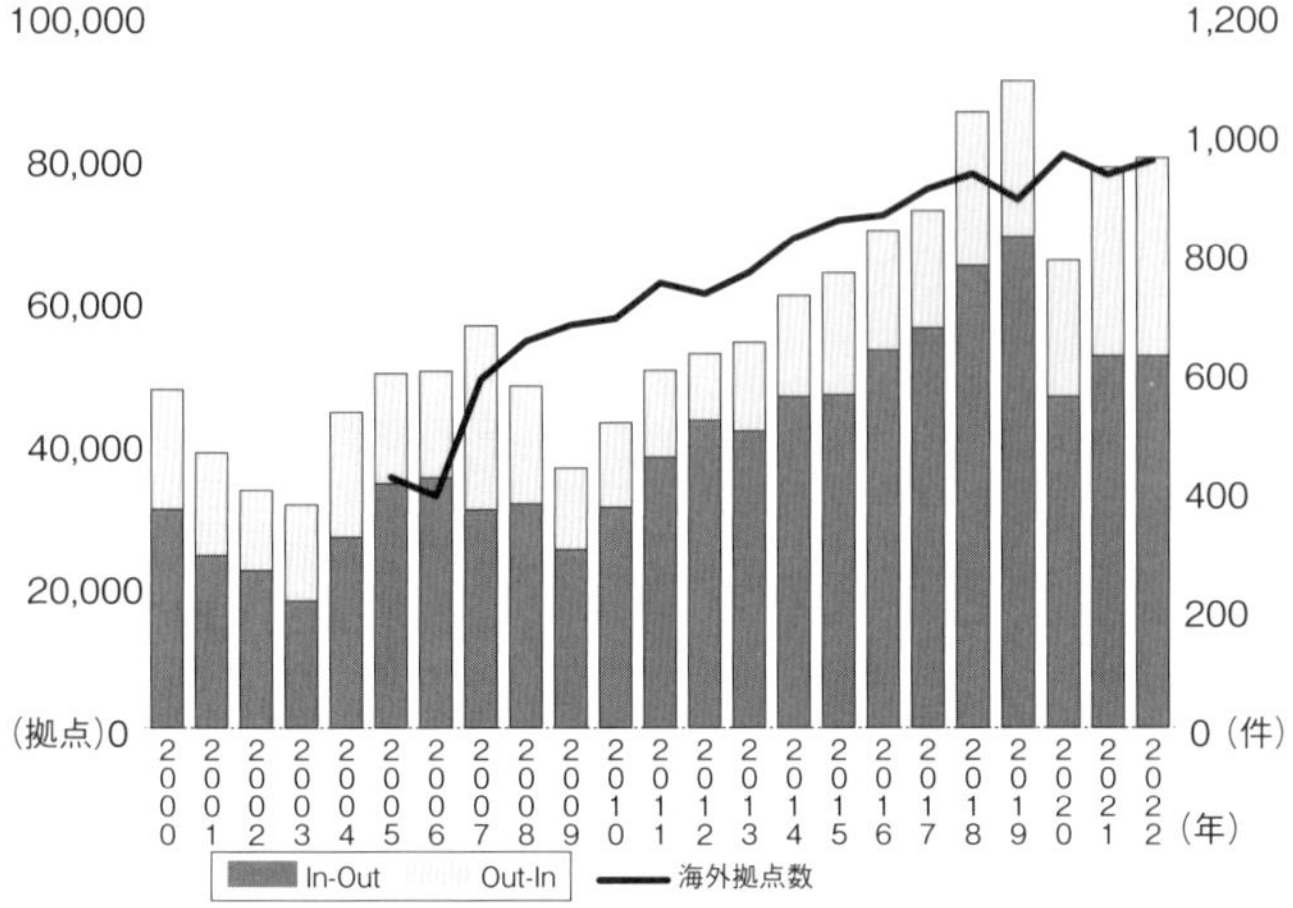

In-out：日本企業による海外企業の買収／ Out-in：海外企業による日本企業の買収
出所：レコフデータ、外務省「海外進出日系企業拠点数調査」をもとに TCG 作成

い戦略となっている。

日本の国内人口は長期的に減少を続けることが見込まれることから、国内需要の頭打ちが今後も続くことは間違いない。小さいパイの奪い合いによる価格競争で企業体力を消耗させていくのではなく、成長著しい新興国へ進出を図って新たな市場を獲得していくことがすべての企業に求められるだろう。日本で語られるM&Aは、国内市場のシェア獲得や後継者確保といった内向き志向になりがちだが、クロスボーダーM&Aも見逃すことのできない重要な施策といえる。

（2）クロスボーダーM&Aの失敗要因

日本企業のクロスボーダーM&Aは、一九八〇年代後半から一九九〇年代初頭にか

【図表 4-7】海外進出・拡大モデル

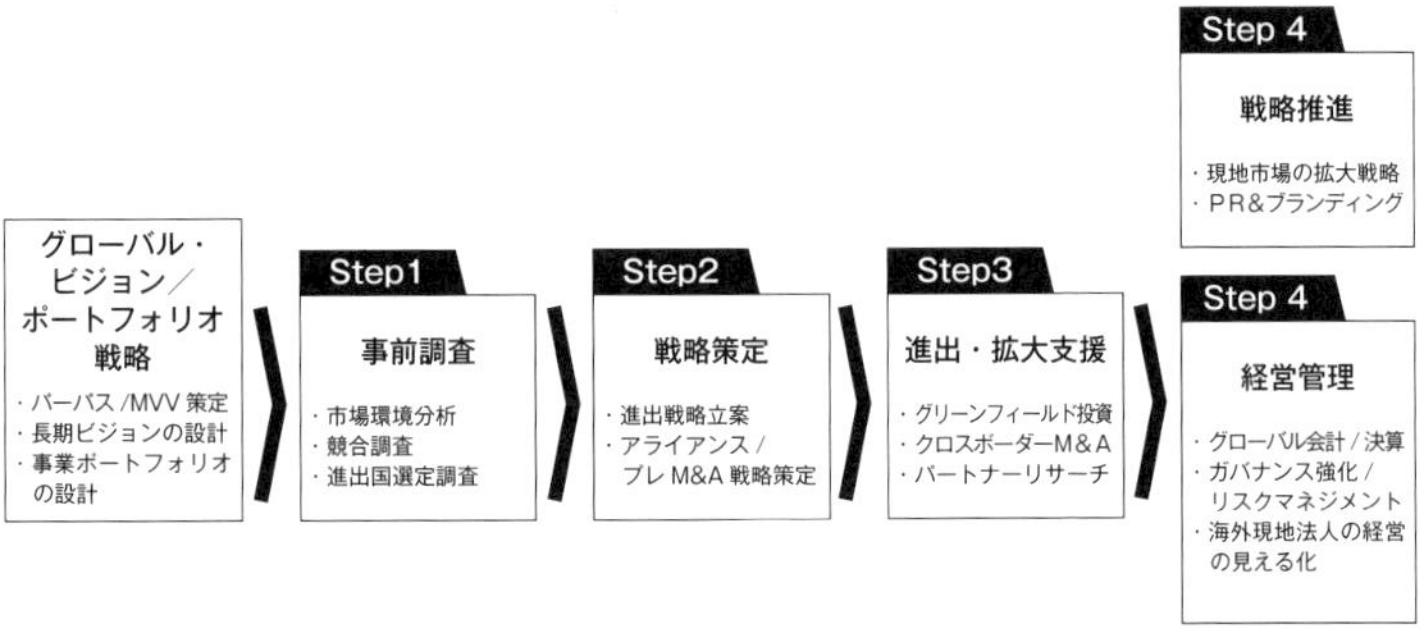

けて、バブル景気による株高とプラザ合意以降の円高を背景に活発化した。しかしながら、多くの日本企業はクロスボーダーM＆Aに不慣れであったため、大型買収を実行したものの「失敗」に終わるケースが大半であった。バブル崩壊後に日本企業のほとんどは本体の業績が悪化し、買収した企業・物件を手放す結果となっている。

過去のクロスボーダーM＆Aの失敗要因は大きく三つ。「M＆A戦略の甘さ」「M＆A交渉力の弱さ」「買収後のマネジメント体制の未熟さ」であった。まず、なぜその企業を買収するのかという戦略の設定が甘かったといえる。当時、成長した日本企業が海外企業を買収することは、国力を海外に示すことにつながった。事業上の親和性だけでなく、他の要因も織り交ざって対象会社を決めていたという背景がある。また、M＆Aの交渉力においても、当時の日本企業は米国企業より圧倒的な資金力を持っていたため、高値づかみをしたきらいがある。買収後のマネジメント体制においても、商習慣の異なる海外企業をマネジメントするための経験が不足していた。

これらの要因から、日本企業は海外企業を買収する力はあったが、その後のコントロールができなかった。資金力はあったのに運用力がなかったのである。したがって日本の本体の業績が悪化すると、たちまち海外拠点を維持することができなくなったのである。

クロスボーダーM&Aを実行するに当たって前提となるM&A戦略は、国内企業を買収する場合の戦略とは異なる。海外展開での不可欠な要素は「なぜ、その国（対象国）に進出しなければならないのか」を明確にすることである。事業戦略上のM&Aの必要性に加えて、進出しようとする対象国の競争環境を理解する必要がある【図表4-7】。特に、対象国によって、法制や地政学的リスク、商習慣の違いがあるため、事前にこれらの違いを調査しなければならない。コロナ禍においてはサプライチェーンが分断され、世界規模で原材料の供給や製品の輸送が滞った。不可抗力による供給途絶や物流寸断のリスクも視野に入れる必要がある。

（3）クロスボーダーM&Aの手順（海外進出への本気度、撤退のポイント）

では、実際にクロスボーダーM&A戦略を立てる手順を見てみよう。まず前提として、海外事業の成熟度によって、その後の取り得る戦略が変わるため、自社の海外事業の現在地を把握する必要がある。成熟度を測る上では大きく三つのフェーズに分けて考えるとわかりやすい。

【図表 4-8】クロスボーダー M&A の3つのフェーズ

成熟度	海外拠点における課題	取り得る対策
進出	これから海外進出を実施	・海外進出の検討 ・海外における生産拠点の確保 ・海外パートナーとのアライアンスの検討
強化	海外拠点における売上高強化 海外拠点の成長の頭打ち	【業績が好調】 ・売上高強化のための追加投資を実施 ・他のエリアへの進出 【業績が伸び悩んでいる】 ・海外拠点配置の見直し ・海外マネジメントの見直し
撤退	海外拠点の業績悪化	・海外拠点の債権（縮小策の検討） ・撤退のための売却・清算

すなわち、進出・強化・撤退である【図表４-８】。

まず「進出」のフェーズでは、初めての海外進出ということになるため、海外拠点や現地工場投資などの検討に際して、進出の目的（＝狙う効果）を明確にすることが求められる。自社のバリューチェーンを分解して、どこのエリア（国）に、どのような効果を狙って進出するのかを固めた上で、対象国のマーケット分析や対象国に展開している競合分析などを実施し、情報収集を行う。また、進出時に置かれている企業の立場も異なるため、例えば、主要顧客の海外展開に伴い自社も一緒に現地生産を求められ、海外進出せざるを得ない企業は、海外に出るなら既存客だけではなく現地の販売強化も検討して進出することが望ましい。これらの分析が完了した後で、M&Aの対象会社を具体化・選定する。

次に、「強化」のフェーズである。このフェーズは、海外進出した企業が、ある程度現地で活動した上で、その先にどうしていくのかを検討するフェーズである。このフェーズになると、企業の抱える課題に沿った次の展開が求められる。例えば、海外事業を展開しているが今一歩、成長軌道に乗らないため次の一手を打ちたい場合、クロスボーダーM&Aによって同業買収や販売網強化のための現地アライアンス（代理店契約）の推進などが考えられる。また、事業が軌道に乗らない理由が海外拠点のマネジメントの問題である場合は、海外拠点に配置する人材を入れ替えるなど、PMIの視点に立ったテコ入れが必要となる。

最後に、「撤退」のフェーズである。海外拠点が何年も赤字の場合は、当然ながら拠点を売却して撤退することが考えられる。また、それ以外に外部環境の変化に対応するための撤退（再編）も考えられる。例えば、二〇二〇年のコロナ禍で世界各国が主要都市のロックダウン（都市封鎖）に踏み切った際、当該エリアに資材調達拠点を置いていた多くの企業が原料・部品不足に陥り、製品の出荷が停止する事態となった。特定の国・地域に調達・製造・販売拠点が集中している場合、地政学的なリスクが顕在化すると異常事態に対応できない弱みが明るみになった。

自社のバリューチェーンを考えたとき、調達や生産機能が麻痺するような事態があってはならないため、日本国内に回帰させるか、あるいはエリアを分散させる手法が考えられる。それに伴い、これまで集中していたエリアからの撤退判断も当然、検討対象となる。現地の法制度によっては簡単に法人の清算ができない国もあるため、そのような場合には他社への売却、あるいは共同出資者がいれば株式持ち分の譲渡による撤退が考えられる。いずれの場合でも、検討から実行までに数年の期間を要する場合もあるため、早期に検討を開始することが有用である。

（4）クロスボーダーM＆Aにおける案件との出合い方

クロスボーダーM＆Aの戦略構築後、具体的な案件と出合う方法は国内案件の探索とそれほど変わらない。すなわち、海外も同じように「待ち」と「攻め」の二パターンがある。「待ち」のパターンは、海外に強いM＆A仲介会社やコンサルティング会社から案件情報の提供を受ける場合である。海外の譲渡案件情報を豊富に持っている仲介会社やコンサルティング会社があり、そこに希望する案件の具体的な情報を伝えておき、合致する案件が出た場合には連絡を受けるというものである。一方、「攻め」のパターンは、日本企業が、ターゲットである海外企業に対して譲渡の打診を行うものである。海外では日本以上にM＆Aが一般化しているため、打診に対する心理的なハードルは国内よりも低い傾向がある。

このように海外案件を探索する場合の方法は国内とそう変わらないのである。しかし、国内との決定的な違いが一つある。それは、海外企業は「M&Aに対する本気度」を重視するということである。〝打診〟といっても、国内案件のように、興味・関心を確認するのとはわけが違う。特に、「攻め」のパターンで日本企業から海外企業に譲渡を打診する場合、打診したアドバイザーは、海外企業から「この打診についてマンデート（委任・権限）を持っているのか」と必ず聞かれる。つまり、日本企業側はそれなりの意思決定機関で意思決定した上で、打診をしてきているのかを確認されるのである。

ここが、国内案件との大きな違いである。海外企業はビジネスライクに話をするため、興味や関心程度の弱い意欲に対しては反応すらしてくれない。実際、海外に強いM&A専門会社やコンサルティング会社は、打診前に必ず日本企業にこの点を確認することが多い。相手の出方を見てから対応・方法を考えるではなく、打診の時点で、話が進んだ場合の対応策を用意しておくことが求められるのである。これらを考えると、やはり、クロスボーダーに強い専門家の支援は欠かせないといえよう。

(5) クロスボーダーM&Aの重要なポイントは「実行力」

クロスボーダーM&Aを実行するに当たっては、海外事業における自社の置かれている立ち位置（フェーズ）を理解した上で、戦略を検討する必要があることはすでに述べた。クロスボーダーM&Aのもう一つの重要なポイントは「実行力」である。これは、〝推進体制〟といってもよいかもしれない。推進体制を考えるに当たり、大きく二つの視点が必要である。

一つ目は、クロスボーダーM&Aを実現するためには一定のノウハウが必要だということである。バブル期に海外へ進出した日本企業の多くが抱えていた課題でもある。例えば、M&A戦略において具体化した対象会社に対するアプローチ方法（攻め方）や、実際に交渉が始まった際の海外企業との交渉テクニック、また、買収調査における見るべきポイント、バリュエーション（企業価値評価）における海外企業の評価方法など、越えなければならないヤマ場が数多く存在する。そのため、自社のなかに専門部署や専任担当者を設置することはもちろん、単独での実施が難しい場合はすぐさま外部の専門家に相談することをおすすめする。クロスボーダーM&Aの成否は、チーム組成にかかっているといっても過言ではない。

二つ目の視点は、その後のＰＭＩにも関係してくる部分である。すなわち、買収後の経営体制を意識したM&Aの推進である。例えば、海外拠点を持つことは、当然ながら物理的な距離があることを前提とする。現地にお任せというわけにはいかないため、日本の本社から現地法人に人材を送り込む必要がある。その際の経営者人材の選定は、早くから着手しなければならないということである。海外拠点の経営は、先に述べたように異なる商慣習や会社の雰囲気のなかで行うため、現地従業員とのコミュニケーションが欠かせない。海外拠点で活躍できる人材は限られてくるだろう。したがって、クロスボーダーM&Aを実行する際には、カネ（買収資金）と同じくらい「ヒト」（現地人材）の問題が重要なのである。M&Aの検討を開始した時点から、人材の選定に着手しておくことが必要である。

第5章

「戦略×成長M&A」の実行フェーズ

本章からは「戦略×成長M&A」の実行フェーズにおいて重要な役割を果たす、「FAS」と「PMI」について述べていきたい。

なお、仲介業務は譲受企業と譲渡企業にFASの内容を同時に提供するイメージであるが、どちらか一方に片寄り過ぎないことが重要である。

1 FAS（ファイナンシャル・アドバイザリー・サービス）

（1）M&Aを総合サポート

ファイナンシャル・アドバイザリー・サービスとは、ファイナンシャルアドバイザー（FA）と呼ばれる専門家がM&A案件の進捗全般に関して助言や支援を行うことを指す。〝財務・金融関係全般のアドバイザー〟と広く捉える場合もあるが、M&Aにおいては「買収対象会社の財務を中心に総合的なコンサルティングを行う専門家」というイメージが定着している。M&Aでは弁護士や税理士、司法書士など要所で士業のサポートを受けることになるが、FAは、

【図表5-1】M＆Aのプロセス

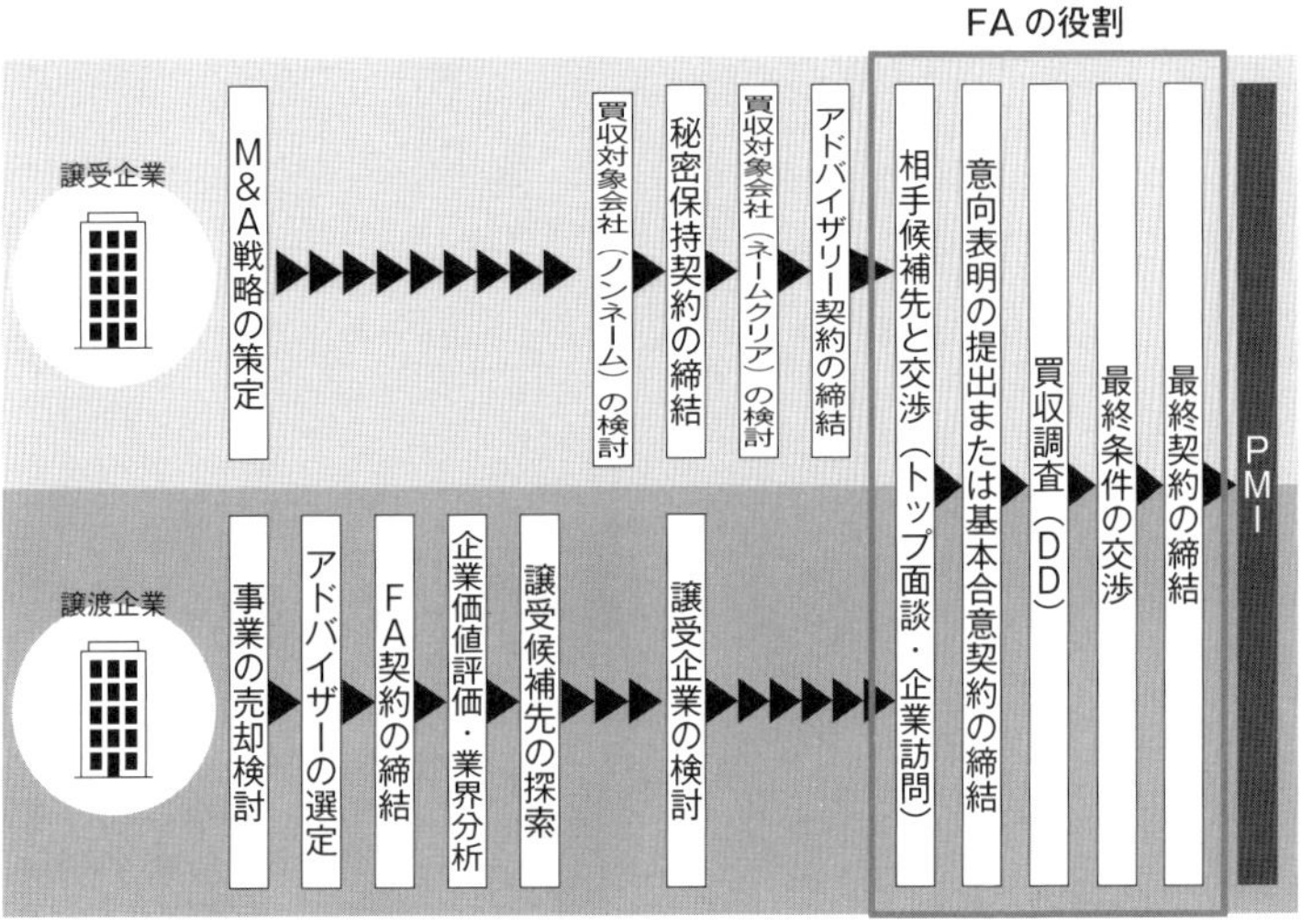

M＆Aの進め方の全体設計やディールの進行を担う「監督」のような役割である。

【図表5－1】は、譲受企業と譲渡企業の一般的なM＆Aの流れである。

FAはこのうち、両当事者の顔合わせ（トップ面談）から意向表明・基本合意契約の取りまとめ、DD、最終契約締結（成約）までのアドバイスや支援を行う。

そもそも、一つの買収（売却）案件をスタート（キックオフ）からゴール（クロージング）まで持っていくためには、数多くの作業・交渉が伴う。その作業を当事者同士ですべて行うことは、量的にも大変である。そこで作業のサポートと案件の全体進捗をコントロールしてくれるFAがいるかいないかによって、M＆Aが成功する確率は大きく変わってくる。

したがって、ＦＡの有用性はかなり高いといえる。

ＦＡの役割を整理すると、次の三点に大きく集約される。

【自社内スタッフだけでは対応が困難な課題に対応する】

Ｍ＆Ａは実務上、きわめて高度かつ専門的な知識が要求される。当事者の社内スタッフは通常業務を抱えながら、この特殊業務を担当することになる。ＦＡはそうしたスタッフの負担を軽減し、複雑な案件を成約まで導く支援を行う。

【情報の「格差」を埋める】

譲受企業と譲渡企業の間にはスタート時から大きな情報格差がある。譲受企業はすべての情報開示を求めるが、譲渡企業はまず必要な情報のみを開示したいと考えている。そのためＦＡは、譲受企業が欲しい情報と交渉に必要な材料の優先順位を検討し、両当事者の判断に資する情報を得て格差を埋める支援を行う。

【Ｍ＆Ａをゴールまで導く】

Ｍ＆Ａの経験が少ない経営者にとって、そもそも交渉プロセスにおいてわからないことが多い。対応が後手に回ると、譲渡金額や条件面の交渉で相手に主導権を握られてしまう。自社の利益を最大化するためにFAを「うまく」使うことが重要だ。FAはM＆Aを検討している経営者にとって、一緒に考えてくれる「味方」なのである。

では、FAの業務は具体的にどのようなものなのだろうか。まずM＆Aの案件では、譲受企業または譲渡企業のどちらかに着任する。一方にFAが着任した場合、他方もFAを就けることが一般的である（ただし最近ではFAを選定せず、M＆Aに精通した社内の専門担当者や部門が相手側と交渉を進めるパターンも増えている）。したがって、譲受側か譲渡側か、どちらのFAに選定されたかによって業務内容が異なる。

次に、譲受企業と譲渡企業における活用ポイントを挙げる。両当事者の考え方や実施内容の違いを把握し、M＆Aの成功確率の向上に役立ててほしい。

①譲受企業

譲受企業におけるFAの支援で最も重要な点は、「譲渡企業からの情報の引き出しとディール全体の進捗コントロール」である。M＆Aにおいては、売り手である譲渡企業のほうが、買い手である譲受企業よりも有利な立場であることが多い。特に、譲受企業がM＆Aに前のめりであればあるほどその傾向が強い。譲渡企業は、自社に対する相手（譲受企業）の興味・関心が強いとわかっていれば、情報の出し方などをコントロールし、強気でディールを先導する。したがって譲受企業は、そのペースに合わせてしまうと、自社の要望を通すことができない可能性がある。

そこで譲受企業は、FAとともに譲渡企業へどのような要望や質問を出していくのかなどを検討し、必要な情報の獲得や効果的な意思決定を行っていくのである。

【図表5 - 2】は、譲受企業におけるFAのアドバイザリー業務である。

②譲渡企業

一方、譲渡企業におけるFAの役割は、譲受企業のFAとは大きく異なる。理由は、支援の「出発点」にある。譲受企業のスタートは譲渡企業に対しオファーを出すことだが、譲渡企業の入り口は「自社を第三者に譲渡するか否か」という事業承継の意思決定から始まる。したがって、譲渡企業のFAの役割は「事業譲渡を考えているが、実際のところM&Aは実施したほうがいいのか」という問いかけに対し、M&Aマーケットの状況や実際の進め方、過去の実例などをもとに説明し、その上で相手先探しの準備を始めるという流れになる**【図表5 - 3】**。

【図表 5-2】M ＆ A アドバイザリー業務（譲受企業）

フェーズ	業務内容	実施概要
全体設計	案件の推進方法の立案 スケジューリング	・相手候補先との M&A の進め方（全体像）を設計 ・スケジューリング、チームビルディング、必要な外部専門家の紹介
投資先選定・企業価値算定サポート	相手候補先の 情報収集・提供	・相手候補先の情報（財務情報、信用情報、その他）収集・提供 ・相手候補先の課題などの助言
	企業価値算定と 最適な買収形態の検討	・入手可能な情報に基づく企業価値算定（買収価額の概算値算出） ・買収価額引き下げ交渉の材料となる要因を検討 ・買収後の統合リスクとなり得る諸要因の調査 ・スピード感、コスト、売り手側の事情、税務上の利点や難点など諸条件を勘案し、最適な買収形態（スキーム）を検討 ・（必要に応じて）買収資金の調達手配
交渉サポート	意向表明書（LOI）の 提出、または 基本合意書 （MOU・LOI）の締結	・初期の条件交渉でおおよその買収金額、スキーム、スケジュールの合意の取り付け
買収調査（DD）の実施に向けた調整・サポート	買収調査実施に 向けた調整	・想定リスクの検討 ・買収後を見据えた統合マネジメントプランへの助言
	外部専門家と 社内人材間の コーディネート	・社外の専門家（税理士など）と社内人材との調整
事務サポート	ドキュメンテーション 支援	・各種契約書、覚書のドラフト作成 ・取締役会や経営会議に提出する資料作成の支援
最終合意	最終譲渡契約サポート クロージング支援	・DD の結果に基づき、最終合意に向けた条件の調整 ・最終譲渡契約書のドラフト作成 ・契約書調印、クロージングの実行支援

【図表 5-3】 M & A アドバイザリー業務（譲渡企業）

フェーズ	業務内容	実施概要
全体設計	M&A の推進方法の立案 スケジューリング	・進め方の全体像およびスケジュールの設計
企業評価 資料作成	対象事業の評価（譲渡金額） 概要書の作成	・譲渡対象事業の価値算定およびスキームの検討 ・買い手候補企業向けのノンネーム資料、企業概要書の作成
譲受候補選定	譲受候補先企業の情報収集・提供	・買い手候補先の情報収集、リストアップ ・リストアップ企業のスクリーニング
交渉サポート	トップ面談、 施設見学の調整・アテンド	・トップ面談や施設見学を希望する買い手候補先との調整 ・当日のスケジューリングの作成、アテンド、ファシリテーション
	意向表明書の取りまとめ	・複数社からの意向表明書を取りまとめ、優先交渉先を選定
	基本合意書の締結	・優先交渉先との基本合意書の締結 ・基本合意書締結に当たる条件交渉、内容の助言
買収調査（DD）の実施に向けた調整・サポート	買収調査の実施に向けた調整	・買い手候補先や委託先専門家の依頼資料等の取りまとめ、調整 ・現地調査の際の立ち合い
事務サポート	ドキュメンテーション支援	・各種契約書、覚書のドラフト作成 ・取締役会や経営会議に提出する資料作成の支援
最終合意	最終譲渡契約サポート クロージング支援	・DD の結果に基づき最終合意に向けた条件の調整 ・最終譲渡契約書のドラフト作成、内容助言 ・契約書調印、クロージングの実行支援

（2）トップ面談のポイント

トップ面談とは、譲受企業と譲渡企業が顔合わせをして、互いを知るタイミングである。譲受企業と譲渡企業のそれぞれにおいて、トップ面談のポイントを挙げる。

①譲受企業

譲受企業にとっては、譲渡企業と顔を合わせる初めての場面であり、事前に確認している譲渡企業の概要（企業概要書）を深掘りしていく機会となる。そのため、譲受企業は「わが社は〝何者〟なのか」「なぜ興味を持ったのか」「買収後はどのような経営方針をイメージしているか」を伝え、譲渡企業に安心感を持ってもらう場にすることが重要である。中堅・中小企業のディールでは、基本的にこの場で譲渡価格などの実務的な話は実施せず、定性的な情報のやりとりが多くなる傾向がある。

また、企業概要書のなかでわかりづらい項目やリスクになる項目を確認する。重視すべき点は、今後前向きな案件の検討に至った場合、譲渡企業に自社を選んでもらえるよう、良い印象と安心感を与えることである。譲受企業は譲渡企業に選んでもらうために何をすればよいかを考え、トップ面談に臨むことが必要である。リスク項目の確認という点では、相手の気分を害さないように質問の仕方に配慮する必要はあるが、トップ面談やQ&Aを通じてリスクと感じる項目をきちんと確認することが重要である。遠慮して譲り受け後にリスクが顕在化することは避けなければならない。

②譲渡企業

譲渡企業にとっても初顔合わせとなるため、不安と緊張が入り混じる場になる。ポイントは自社のアピールである。もちろん、相手の譲受企業の現状（事業内容や業績）や過去のM&A実績、譲渡後の体制などを質問し、相手の理解度を高めていく必要がある。FAも同席するため、事前に注意事項などを確認し、うまく話せない状況になった場合に備えてフォローを依頼しておくとよいだろう。自然体で臨むようにすることが重要である。

ただ、トップ面談を実施しても、その場で相手からすべての回答が出ることはまれである。終了後、回答期間を設けることが一般的である。またトップ面談での感触をもとに、互いに検討時間が必要との認識も持っておくほうがよい。回答を急ぐと判断を誤る可能性もあるため、互いに時間的な余裕を持つようにすることが望ましい。

（3）意向表明・基本合意のポイント

意向表明書の提出や基本合意契約の締結は、独占交渉権を付与するタイミングになる。意向表明書や基本合意契約のなかでは、譲受企業より譲渡側に、現時点での想定される条件などが示される。その内容を譲渡企業が確認し、受け入れが可能かどうかを判断するのである。

なお、意向表明書や基本合意契約には法的拘束力を持たせない（あるいは、双方合意のもとで特定の条項にのみ法的拘束力を持たせる）ことが一般的である。法的拘束力を持たせないことを「ノン・バインディング（Non-Binding）」と呼ぶ。だが、法的拘束力がないからといって、意向表明書の提出後や基本合意契約締結後に、合理的な理由なく一方的に内容を反故《ほご》にしてはならない。これらの書面や契約は、その時点までの交渉の結果を表したものであり、すでに両当事者間に一定の期待値が形成されている。つまり、企業に対する「信頼の証し」でもある。意向表明書や基本合意契約は、今後の進め方を記した書面であるが、法的に縛られているか否かは絶対ではなく、信頼に足る相手であることを互いに示すものでもある。

①譲受企業

意向表明書は、「わが社を（売り先に）選んでいただきたい」という譲受企業からのアピールである。そのため、取得価格以外の条件、すなわち譲渡後の経営体制や業務の引き継ぎなどの詳細内容を記載して、取得価格以外の面でのアピールを行うことが多い。取得価格は譲渡企業の判断基準のなかでも譲れない項目の一つであるが、価格のみでは選ばれないのがM＆Aである。したがって、昨今では現経営者の引き継ぎ期間や訪問頻度、その間の報酬や引き継ぎ後の処遇なども記載し、譲渡後の人材補充や経営体制といった譲渡側が不安に感じる項目をできる限り網羅し、安心させる材料としても活用されている。

基本合意契約は一種の仮契約といわれている。意向表明書の内容を、基本合意契約という双方が署名・押印する形式に落とし込む。ポイントとしては、独占交渉権の付与である。独占交渉の有無については契約書上で必ず確認する必要がある。

②譲渡企業

譲渡企業にとっては、トップ面談の印象と譲受企業の意向表明書の内容をもとに、前向きに検討を進めていく相手を選ぶ場面である。この段階で複数の候補先がある場合は、一社に絞り込むことになる。そのため、譲受企業が出してきている諸条件を総合的に判断し、FAにも意見を求めて決断する。

注意事項としては、意向表明書や基本合意契約はあくまでも〝仮契約〟であり、譲渡契約に

【図表 5-4】買収調査（DD）の概要

種類	概要	担当者
ビジネス（事業）	外部環境（市場におけるポジショニング）や内部環境、製品・サービスの競争力に関する調査	買い手の CFO 組織 コンサルティングファーム
財務・税務	財務諸表を基礎とした損益状況・財務状態の調査、および実態の調査、税務リスクの調査	買い手の CFO 組織 会計事務所・コンサルティングファーム
法務	契約書・係争事件などの調査および潜在的・法的紛争の事前対策	買い手の CFO 組織 法律事務所
環境	保有不動産における環境汚染の有無などに関する調査	不動産鑑定士 環境エンジニアリング会社
人事・労務	組織風土、人事制度、労務管理などの人材マネジメントに関する調査	買い手の CFO 組織 人事系コンサルティングファーム
IT	IT システムおよびそれらの運用状況に関する調査	買い手の CFO 組織 IT 系コンサルティングファーム

必ず盛り込まれる絶対的事項ではない。場合によっては、買収調査で記載条件が変更になる可能性もある。現状で不確定要素の項目があれば、後に交渉余地があることを心得ておくべきである。

（4）買収調査（DD）のポイント

買収調査は「デューデリジェンス（Due Diligence／DD）」と呼ばれる。DDは、譲受企業が譲渡前に譲渡企業の内情を確認する機会である。主にビジネス、財務・税務（企業価値評価）、法務、人事・労務などの各項目について専門家に調査を依頼し、確認するフェーズになる。事前にFAと相談し、この案件ではどの項目を重点的に調査するのかを決める必要がある【図表5-4】。

ＤＤにおいて特に意識すべき点は次の三点である。

【ビジネスとして成立するかどうかを短期間で見極める】

譲渡企業を買収する際に、二つの視点で判断する必要がある。

一つ目は、対象会社が独立採算で事業を継続できるかどうかである。譲り受け後も現在の業績を維持できるかどうかを調査するのである。二つ目は、自社の事業においてシナジーを生むか否かを短期間で判断することである。会社を譲り受ける最大の効果は、譲渡企業をグループインすることにより、自社に新しい可能性を与えることである。それは「シナジー」という形で表れる。シナジーを定性的・定量的に見積もることが重要である。

【譲渡企業の情報の妥当性を検証する】

譲渡企業から提示される今後の事業計画に対して、財務構造・収益構造の面から事業計画の妥当性を検証する。また簿外債務や偶発債務などの要素の有無を確認し、企業価値に反映させる必要がある。さらに取引先との契約関係、従業員との労働契約関係、労務紛争、知的財産権などについて法的に問題がないか、譲渡後にも正常に機能するかを検証する。

【譲り受け後のPMIを見据えた調査実施の必要性】

譲り受け完了後、速やかに事業計画と統合作業を進める必要がある。統合作業は時間との勝負であり、スピーディーに実行に移すことが望まれる。また、譲り受け段階から、親会社とのシナジー創出の可能性を視野に入れて調査を行い、ＤＤからＰＭＩまで一貫して考えることが重要である。

譲渡企業にとってＤＤとは、譲受企業と一緒になるための監査である。譲受企業より必要資料の開示リストが届くため資料の準備が不可欠だ。その際、資料がない場合もあるだろうが、現在あるものを提出するという考え方で問題ない。譲り受け後を見据えて調査がなされるため、資料がないものは譲渡後に新たに整備していく。譲渡企業にとっては、資料の準備や調査時の立ち会いなどを通常業務に加えて行わなければならないため、負担の大きいフェーズではあるが、Ｍ＆Ａを成功させるためには避けて通れないフェーズである。

一方、絶対に行ってはならないことは、虚偽の資料の提出や口頭でのみ回答することである。相手方の信用を失うような行為は避けなければならない。ＤＤは決して減点方式ではない。資料の事実確認が基礎となっているため、ありのままの資料を提出するほうがよい。虚偽報告は、裁判に発展する可能性があるためやめるべきである。ＤＤは、企業のあら探しではなく、現状企業がどのような状況かを確認し、今後の対策を考えるための機会と捉え、しっかりと向き合う必要がある。

最後に、DDで知ってほしい項目に「バリュエーション（企業価値評価）」がある。日本語訳に〝調査〟という言葉はついていないが、実務上ではDDのフェーズにおいて、財務・税務DDで判明した事実とビジネスDDで確認した事業計画をもとに、専門家による企業価値評価が行われる。

DDに入るまで、すでに当事者間である程度の譲渡価格の話は出てくるが、その時点ではまだピンポイントの価格ではなく、「価格帯（レンジ・幅）」で議論されていることがほとんどである。そこで、DDを通じて判明した事項をもとに、最終的にいくらでM&Aを実行するのかを決めるのである。実際は、DD後に譲渡契約書の内容を詰めていくタイミングで最終的な譲渡価格が確定される。第3章で三つの評価方法について述べたが、ここでより詳細に見ておこう。

企業価値評価には「インカム・アプローチ」「マーケット・アプローチ」「コスト・アプローチ」の三つがある**【図表5-5】**。このうち、中堅・中小企業で採用されることが多いのは「コスト・アプローチ」である。これは、現在保有している資産や過去から蓄積してきた利益に着目するもので、再調達原価を考え方の基礎としている。具体的には決算書上の純資産に着目し、「簿価」を「時価」に置き換えた数字を企業価値と捉える。

【図表 5-5】企業価値評価の３つのアプローチ

	価値算定の根拠	主要な算定方法	メリット	デメリット
インカム・アプローチ	**将来キャッシュフロー** 「将来生まれるであろう価値」	**DCF 法 (Discounted Cash Flow)**	①ファイナンス理論に基づくため理論的である ②キャッシュフロー予測を用いるため、会社固有の強みや弱みに基づく成長性等を反映することができる ③キャッシュフロー予測の分析を伴うため、事業内容の検証との連関性が高い	①キャッシュフロー予測、割引率、継続成長率等に関する判断が恣意的になる可能性がある ②評価モデルの作成は容易だが、本質的な価値検証を行うためにはある程度、分析に時間をかける必要がある
マーケット・アプローチ	**市場価値** 「市場を形成する関係者の合意」	**類似会社比準法** **株価倍率法**	①市場取引価格に基づく類似企業の株価倍率を参照するため客観的 ②手続きが比較的容易 ③M＆A市場の相場観を得る上で有効	①類似企業の選定において恣意性が入る可能性がある。また評価対象会社に特有の強み・弱みについては反映されない ②株式市場の歪みが反映されてしまう ③類似企業の選定が困難な場合には、適切な評価が難しい
コスト・アプローチ	**（時価）純資産** 「現在保有する資産」	**時価純資産法**	①再調達原価の観点から示唆を得ることができる ②個別資産・負債の分析を伴うため、資産内容の検証との連関性が高い ③恣意性が入りにくい	のれんや無形資産の評価を含まない評価手法のため限界がある（将来の収益力を反映できない）

ここからさらに、過去数年間の損益計算書を参考にＥＢＩＴＤＡ（利払い前・税引き前・減価償却前利益）を算出し、「ＥＢＩＴＤＡ×○年」という形でのれんを算定して時価純資産に加える「年買法（年倍法）」を採用する場合もある。ＥＢＩＴＤＡの代わりに、修正した営業利益や税引後当期純利益を使うこともある。

コスト・アプローチは、決算書に基づいて算定することができるため、中堅・中小企業の経営者（株主）にもイメージしやすい利点がある。一方、過去の結果に着目しているため、将来の収益力を考慮するには限界がある。

また、時価純資産に算定した営業権を加えるといっても、営業権を何年分考慮するかは譲受側の考え方にもよるため、最近では営業権がほとんどつかない場合（＝シビアな企業価値評価）も増えてきている。営業権は業種によっても違いがあるため、案件ごとに検討が必要である。

次に「マーケット・アプローチ」は、株式市場で実際に取引されている株価に着目する手法である。代表的な算定方法として、対象会社の事業と類似する事業を営む上場企業の株価倍率を参考に企業価値を算出する「株価倍率法（マルチプル法）」がある。算出に当たっては、インカム・アプローチの代表的手法であるＤＣＦ法ほど財務的な知識を要求されないため、比較的容易に実施できる評価手法といえる。株価倍率法で採用される倍率にはいくつか種類があり、ＥＢＩＴＤＡ倍率（ＥＶをＥＢＩＴＤＡで除した数値）などが利用されている。

マーケット・アプローチは簡便な評価方法として活用される一方で、類似企業の選定によって結果が大きく変わってしまう難点がある。非上場企業と上場企業では規模や事業の数が異なるため、一事業のみが類似しているからといって当該上場企業を類似企業として採用するか否かは詳細な検討が必要である。

企業価値評価の最後は「インカム・アプローチ」である。対象会社が将来に生み出すであろうキャッシュフローに着目し、割引率を用いて現在価値に置き直した合計額を事業価値として評価するものである。上場企業で広く採用されているＤＣＦ法がその代表格である。キャッシュフロー予測を行うため、対象会社の事業計画を精査する必要があり、事業内容や強み・弱みを分析した結果としての成長性を企業価値に盛り込むことができる。その意味では、事業内容の検証と関連性が高い評価手法といえる。

一方で、DCF法を使用するためには、事業計画の検証が不可欠である。中堅・中小企業のM&Aにおいては、交渉時にきちんと事業計画を策定している例はそれほど多くない。そのため、DCF法を使用する場合、実務上は譲受側の想定で置いた事業計画を使うことも多い。その際には、「曇り（成り行き）コース」「晴れコース」「雨コース」など複数のシナリオを検討する。どこまで対象会社の実態を反映した事業計画になっているかは注意が必要となる。また、DCF法はファイナンス理論に基づいて企業価値を算定するため、ある程度の分析時間と知識を要する手法であり、公認会計士やFAなどの専門家の支援が必須となる。

このように、企業価値評価を精緻に実施する場合、三つのパターンの評価額を算出し、レンジ（幅）が重なり合う部分を譲渡価格の目安として交渉をしていくことがある。上場企業では、「なぜ、その譲渡価格でM&Aを実行したのか」を株主に説明する責任が伴うため、企業価値評価をきちんと実施し、経済合理性を明示できるようにすることが一般的である。中堅・中小企業では、コスト・アプローチを中心に企業価値を算出し、当事者間で交渉を行う場合が多いのではないだろうか。M&Aの当事者によって企業価値評価をどこまで行うのかも、DDにおいて重要なポイントであり、依頼主である譲受企業と仲介会社・FA、DDを担当する公認会計士などの専門家との間で事前調整が求められるのである。

(5) 譲渡契約書(SPA)のポイント

譲渡契約書は「SPA」と呼ばれ、M&Aにおける最終的な契約書となる。これに署名・押印すると譲渡契約は成立し、それ以降は基本的にM&Aを勝手に取りやめることができない。

譲渡契約書には、これまでの交渉で決定した条件や担保条項、表明保証を記載する。表明保証(レプリゼンテーションズ・アンド・ワランティ、通称「レプワラ」)とは、譲渡側が譲受側に対し、財務や法務などに関する開示事項に虚偽がないことを表明、保証するものである。譲渡側が保証に違反した場合は、譲受側が被る損害に対して金銭的な補償義務を負うことになる。

譲渡対象、価格、クロージングの条件、提出資料の正確性や未払い残業代の有無に至るまで詳細が記載され、「譲渡企業が提出した情報は正確である」という趣旨の担保条項も盛り込まれる。譲受側は、特に担保条項や各条文に違反した場合の損害賠償条項などを入念に確認する。譲渡側は条件面に相違がないか、金融機関からの借り入れについて連帯保証の解除条項などが記載されているか、自身の担保内容と相手に求める条件がきちんと記載されているかを確認する。この譲渡契約は当事者間契約のため、後のトラブル回避の意味合いも込めて、両当事者は弁護士を通じてリーガルチェック(法務確認)を行う必要がある。

譲渡契約の特徴として、「クロージング条項」がある。例えば、譲渡契約書のなかで記載されている株式譲渡対価をいつ支払うかという取り決めである。また、役員が退任する場合は、その退任にかかる書類に関する取り決めも入る。一般的にクロージング日が資金決済日になる。譲渡契約と同日にクロージングを実施する場合もあれば、譲渡契約締結とクロージングが異なる日時の場合もある。譲渡契約書締結後からクロージングまでに実施しなければならない項目がある場合、クロージングが別日に設定されるのである。例えば、譲渡企業が取引先と締結している取引基本契約のなかに、経営権の移動があった場合には契約内容に制限を設けたり、一方の当事者によって契約が解除できるようになったりする条項、いわゆる「COC（チェンジ・オブ・コントロール）条項」が入っている場合、事前に取引先に株主が変わる旨の報告・同意が必要になる。譲渡契約締結前には取引先といえども完全にはM&Aの内容を明かせないため、ある程度同意は得られそうだという想定のもとで譲渡契約を締結し、クロージング日までの間に譲渡企業と譲受企業双方で取引先に説明に行き同意をもらうことがある。この「取引先の同意をもらうこと」がクロージングの要件となっているのである。また、譲渡契約書の締結後に金融機関に契約書をもとに融資を行ってもらう場合や、譲渡企業が保有している固定資産を譲渡側の株主が買い取る条項が入っている場合などは、それらの手続きを履行するために一定の日数が必要になるため、クロージング日が別日になることが多い。

譲渡契約書締結からクロージングまでに実施しなければならない項目がある以上、譲渡契約書を締結してもクロージングに必要な項目が完了できなかった場合は、M＆Aが中止になるケースがある。したがって、クロージングまでに実施しなければならない項目は、現実的に実施可能な項目を設定する必要がある。第三者や外的要因などの理由により実施ができない項目は加えないほうがよいだろう。クロージング後に双方で調整が可能な項目は、むやみにクロージング条件としないことがポイントである。譲渡契約書は押印すると後戻りはきわめて難しい。自身の納得する契約書かよく吟味してから押印するべきである。

2 PMI（ポスト・マージャー・インテグレーション）

前述のFASはM＆Aの本工程（エグゼキューション）に当たるフェーズだが、M＆Aは譲渡を完了して終わりではない。最も重要なことは、M＆A実行前に検討したM＆A戦略に従ってシナジーを生み出すことができるかどうかということである。実はシナジーの創出がM＆Aにおいて最も難しいといわれている。M＆Aを提案するなかで、「以前にM＆Aを実行したとき、買収した会社の従業員がすべて退職してしまった」「買収前より対象会社の売上高が減少した」などという話を耳にすることがある。これらは後工程であるPMIがうまくいっていない事例といえる。

とはいえ、PMIは何をもって〝失敗〟と定義するかは難しいところである。M＆Aでは、シナジーが生まれるまでに相当の時間を要する場合があるからだ。実行直後に売上高の上昇が見られないからといって、M＆Aを失敗と結論づけることは性急に過ぎる。例えば、買収後に成果が表れるまで長期に及んだ事例として知られるのが、ブリヂストンによる米国のファイアストン社買収である。

米国第二位のタイヤメーカーであるファイアストン社は、一九八八年の買収当時、深刻な業績不振に陥っており、抜本的な経営再建が必要なレベルであった。ブリヂストンはそこから二〇年以上もの歳月をかけて米州事業を立て直した。その結果、ファイアストン社は復活を遂げ、現在ではブリヂストンの成長の一翼を担っている。このように「我慢のM&A」によってシナジーを生み出す事例もあるため、買収後の対象会社に対する戦略とその効果の検証（モニタリング）が重要といえる。

次に、M&Aの効果を最大限に引き出すフェーズであるPMIの進め方と、実行する上で重視するべきポイントについて示す【図表5-6】。

(1) PMIのポイント

PMIは「現状認識」が大切である。例えば、買収完了後に譲渡企業の従業員が次々と辞めていくケースがある。この原因を「企業風土の違い（だから仕方がない）」と片づけることは簡単だが、より詳細に見てみると譲受側と譲渡側の「コミュニケーションギャップ」が引き金になっている場合が少なくない。これはM&A実行時の立場の違いに起因する。譲受側が「救済者」、譲渡側は「支援を求めた者」という関係性が生まれ、譲渡企業の従業員から見ると譲受企業のトップの発言や行動が強権的に映ってしまう。これらが積み重なると「ハレーション（悪影響）」

【図表 5-6】PMI の進め方

内容	譲渡側	譲受側	ステップ	時期
【譲受側の検討事項】 **○ M ＆ A 戦略（目的）の明確化** ✓（この時点で想定される）シナジー ✓統合後のグループイメージ ✓譲渡側へ送り込む人材選定	○	○	目的確認	DD時
【DD 資料を基礎に現状認識】 **○譲渡企業を調べるチャンスは DD のみ** ✓経営体制（キーパーソンの把握） ✓ビジネスモデルの把握（VC/SCM） ✓組織体制 ✓人事制度、賃金体系 ✓労務管理（労務紛争、残業） ✓経理（処理フロー）、財務戦略 ✓ガバナンス（会議体、規定類） ✓情報システム（IT 推進状況） ※「誰がいないと何が進まないのか？」を把握する		○	現状認識	DD時
【（SPA 締結後）譲渡側・譲受側双方】 **○ PMI プロジェクトの確立** ✓事務局（担当者）の設置 ✓定例会の設定 ✓統合イメージ⇒プラン（大枠）への置換	○	○	方針検討・計画策定	DD後～クロージング時
○ PMI の進め方の確認 ✓グループビジョン・経営理念の共有 ✓ DD 結果から譲渡側の経営管理能力を評価 ✓譲受側から派遣する経営層・人材の明確化 **○譲渡側従業員へ譲受側トップからメッセージ** **○統合計画書骨子作成、事業計画へ落とし込みを開始**	△	○	実行	DD後～クロージング時
【統合計画のブラッシュアップ・実行】 ✓統合計画のブラッシュアップ ✓業務プロセス改善は随時実行 ✓早期の実績づくりと実績のグループ内発信 ✓グループビジョンの浸透 ✓組織再編 **【長期にわたる統合作業のスケジューリング】** ✓人事制度の構築（改定） ※賃金体系構築 ✓組織風土の浸透 ✓各種システムの構築 ✓営業所の統廃合、物流統合などの実施	○	○	計画ブラッシュアップ・実行／推進	クロージング後～一〇〇日

★統合計画の策定ポイント（～クロージング後3カ月程度）
①事業計画・アクションプランの策定（組織・人事制度に関する方向性も決める）
②統合計画に連動するKPIの設定（シナジーを生み出すポイントを指標化してモニタリングする）
③譲渡側経営陣の役割・待遇決定（事業の引き継ぎ期間などを明確にし、その期間内で成果を出す）

が起き、しばしばシナジー創出の妨げとなる。

ハレーションを回避するために、譲受側は「譲渡側を知る」ことが重要である。その際は、単に事業内容を調べることだけにとどまらず、経理・財務、人事・組織、法務・ガバナンス、情報システムなど、さまざまな視点で譲渡側を把握する必要がある。経営面と実務面に分け、網羅的に譲渡側の内情を知ることで、「どこを、どのくらい、親会社（譲受側）に近づけられるか」という距離感が見えてくるのである。

特に、人材分野は重要だ。小さい会社の場合は全従業員と面談をしたり、規模が大きい会社の場合は管理職全員と面談したりする。面談を行う理由は、従業員の考え方やキーパーソンを把握すると同時に、経営者のビジョンを従業員に伝え、理解を促すためである。これは離職を回避するためでもある。ある会社では、三〇〇人強の全従業員と社長が面談したケースもある。

このように、譲受側にとってPMIの第一歩は、譲渡側の現状認識から始まるのである。

TCGでは、この現状認識を行うためにチェックリスト【図表5-7】を整備し、対象会社の状況を詳細に分析することからPMIをスタートしている。チェックリストの項目数は対象会社の規模や事業内容によって調整するが、「経営全般（経営理念・ビジョン・ガバナンス・コンプライアンス等）」と「営業・管理業務全般（営業・マーケティング・財務・人事・法務等）」の大きく二軸で分析を実施する。標準で一四〇ほどのチェック項目を用意し、譲渡企業、譲受企

【図表 5-7】PMI チェックリスト項目（一部抜粋）

No	大項目	中項目	チェック項目
1	経営理念	グループ経営理念の理解	親会社の経営理念を理解しているか。（グループ経営理念がある場合は、グループ経営理念を理解しているか）
2	経営理念	各社の経営理念の理解	各社の経営理念が明文化され、社員が理解しているか。
3	経営理念	グループ全体集合の場の設定（定例会）	グループ会社の社員が集い、グループ全体の方針や施策を共有する場があるか。（年 1 回の全体研修会の開催）
4	経営理念	ブランディングブックの編集	グループ全体のブランディングブックを作成しているか。
5	中期ビジョン・経営計画	中期ビジョンの設定	各社の中期ビジョン（中期経営計画）が策定されているか。
6	中期ビジョン・経営計画	販売計画の明文化	各社の販売計画が明確になっているか。
7	年度方針	年度方針の策定・発信	各社の単年度方針が策定され、社員に向けて発信されているか。
8	年度方針	予算策定	単年度予算が策定されているか。
9	指揮命令	決裁権限規定整備・実施	決裁権限規程が明文化され、申請フローに従って決裁が起案・承認されているか。
10	ガバナンス	「報連相」の実施	社員から上司に対して毎日報告・連絡・相談が実施されているか。（日報・週次報告・都度報告のルールが守られているか）
11	ガバナンス	異常事項の報告	異常事項の報告への対応が迅速に実行できているか。
12	ガバナンス	定期的な社員面談の実施	定期的に社員面談を実施し、抱えている業務上の課題等に対して、上司が相談にのっているか。
13	コンプライアンス	外部審査の実施（ISO）	ISO 等の外部の公的審査を定期的に受け、マネジメント品質を確保しているか。
14	コンプライアンス	法令違反のチェック	社内での法令違反がないか、定期的にチェックを実施しているか。
15	コンプライアンス	社員モラールのチェック	社員のモラールの低下が起こっていないか、社員アンケートを実施しているか。また結果に基づき改善活動を実施しているか。

業の双方と連携して現状認識を実施する。分析の結果、項目ごとにインテグレーションレベル（統合レベル）を設定する。インテグレーションレベルは大きく三段階とし、「既存維持」「部分統合」「完全統合」を判定している。目的はあくまでも円滑な統合であるため、譲渡企業のやり方をすべて譲受企業に合わせる必要はない。逆に譲渡企業のやり方が優れている場合はその方法を活用していくことをまず考えるべきである。このように統合のポイントを絞ったり、統合にかける時間の目安を測ったりするために、現状認識は必須である。

次に、PMIの時間軸である。PMIには、決まった手順や実施期間は存在しない。巷にあふれている書籍では一つの目安として「一〇〇日」と記載されているが、実際はそれ以上の日数がかかることも多々ある。

では、PMIはいつからスタートするか。いつでもよいというわけにはいかない。「早く着手する」ことがベストである。M&Aの実行時、譲渡企業の従業員からすれば、自社のオーナーが変わったところで職場環境や待遇面が変わらないと、M&Aによる変化を日常的に実感できる機会は少ない。変化がない状況に慣れてしまうと、社内の雰囲気はM&A実行前と変わらず、かえって新しいことを実行する機運が高まりにくくなる。シナジーとは「成功体験の積み重ね」である。小さくてもかまわないので、早く実績をつくり出し、その成果を社内で発信することにより、変化を実感させることが重要である。また、譲渡企業が再建途上にある場合は、譲渡契約完了後、すぐさま再建策に着手しなければ手の施しようがなくなる。したがって、PMIはエグゼキューションの後半（DD後）から着手するのがよいだろう。

具体的なPMIの実施ステップについては、対象となる企業の規模感によって作業工程と内容が異なる。例えば、小規模企業の場合、大がかりなPMIは必要ない。譲渡側の経営資源が限られるため、PMIの作業に割ける人員が少なく、通常業務が回らなくなる可能性があるからだ。したがって、PMIを実施する場合は、親会社（譲受側）のトップダウンで実施したほうが効果的な場合がある。

一方、中堅・中小企業におけるPMIの実行手順は小規模企業より少し大がかりだ。譲受側だけでなく、譲渡側のメンバーも加えたプロジェクト方式でPMIを実施する。具体的には、プロジェクト運営事務局である「PMO（プロジェクト・マネジメント・オフィス）」を設置し、進捗を管理するのが一般的である。例えば、複数の項目で統合作業を実施する場合は「分科会形式」を採用し、各分科会の進捗確認や報告会実施などの段取りはPMOがコントロールする【図表5‐8】。

現状認識の完了後、事業計画を立ててゴールを明確にする作業（事業PMI）と同時並行で、業務内容の統合（業務PMI）を図っていく。「事業PMI」については、事業計画がもともとない会社はゴールを設定する必要があり、事業計画がある会社にも、M＆A後に譲受側とどの

【図表5-8】PMIの実施ステップ

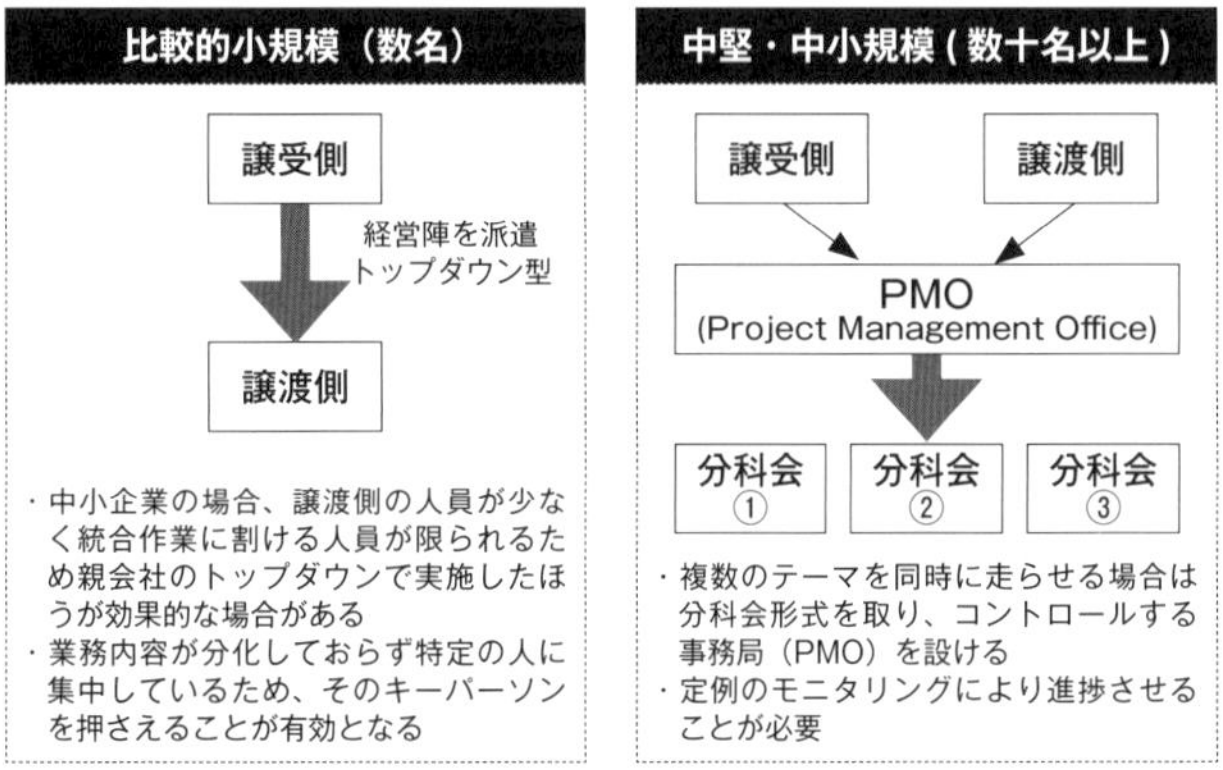
比較的小規模（数名）
譲受側
経営陣を派遣
トップダウン型
譲渡側
・中小企業の場合、譲渡側の人員が少なく統合作業に割ける人員が限られるため親会社のトップダウンで実施したほうが効果的な場合がある
・業務内容が分化しておらず特定の人に集中しているため、そのキーパーソンを押さえることが有効となる
中堅・中小規模（数十名以上）
譲受側
譲渡側
PMO
(Project Management Office)
分科会①
分科会②
分科会③
・複数のテーマを同時に走らせる場合は分科会形式を取り、コントロールする事務局（PMO）を設ける
・定例のモニタリングにより進捗させることが必要

PMIは譲受側だけでなく譲渡側のメンバーも加えたプロジェクトを実施する
・買収規模に応じてチームビルディングの方法も変更可能
・対象企業が複数の部門を抱える場合、分科会に分かれて検討したほうがよい

ように成長していくのかを盛り込んだ新たなゴールが求められる。策定の過程でＫＰＩを設定し、その達成に向け、譲渡側と譲受側の双方がチームとなってＰＤＣＡを回す形をつくるのである。

一方「業務ＰＭＩ」は、業務効率を上げ、生産性を向上させることに重きを置く。重複する業務は可能な限り削減し、また使用する契約書のフォーマットや帳票、管理会計の仕組みなどを譲受側に合わせていく作業である。ただし、前述したように、すべての業務を譲受側に合わせる必要はない。合わせることが目的ではなく、業務効率を改善することが目的だからである。この点はインテグレーションレベルで、完全統合を目指すのか、一部を合わせるのか、統合しないのかを検討する必要がある。

このようにして、現状認識で譲渡側の内情を把握し、統合するポイントを明確にする。次に、時間をかけて経営目線を擦り合わせていく長期のＰＭＩと、足元の業務レベルで統合作業を進めていく短期のＰＭＩを同時並行で進めることで、早期のシナジーを生み出していくのである。

（２）実践から見たＰＭＩを成功させるためのポイント

ＰＭＩを成功させるポイントを事例からひもといてみよう。ＰＭＩを成功させた企業に共通しているのは、自社において独自の「ＰＭＩの型」を持っている点である。Ｍ＆Ａを複数回実施している企業にとってＰＭＩの成否は死活問題である。ただし、案件ごとにＰＭＩの実行に時間をかけていると、なかなか次のＭ＆Ａに踏み出せない可能性がある。そこで、独自のＰＭＩの型を決め、エグゼキューションの最中からその型に合わせて譲渡側の現状認識を行い、ＰＭＩに入っていく際の論点・課題を見極めているのである。逆にいうと、ＰＭＩの型に合わせて譲渡側を見た際に、シナジーの発現が難しいと判断すれば、Ｍ＆Ａ自体を実施しないという判断にもつながる。したがって、ＰＭＩを成功させる際のポイントの一番目は「ＰＭＩの型」を持つことである。

ＰＭＩの型を持つ企業の例として、ソフトウエア開発を手がけるＧ社を紹介しよう。同社は、

【図表 5-9】知的資産の分類イメージ

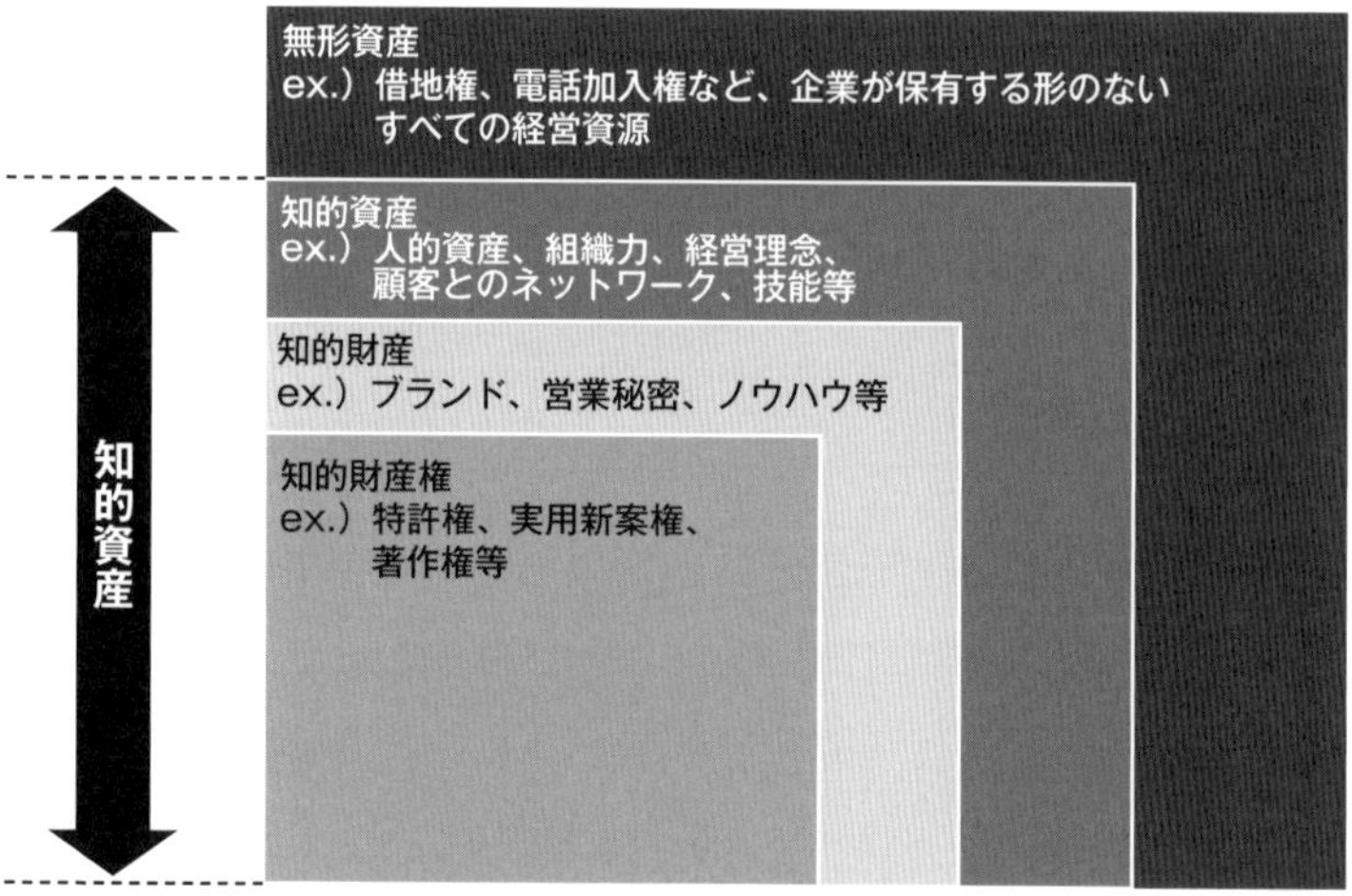

出所：経済産業省 Web サイト「知的資産経営ポータル」をもとに TCG 作成

複数のＩＴ子会社を傘下に持つ持ち株会社である。同社はＭ＆Ａを実施する場合、ＰＭＩを見据えた買収調査を実施している。同社にとって最も重要な成長の源泉は「知的資産」である。知的資産とは、特許権・著作権などの「知的財産権」やブランド・ノウハウなどの「知的財産」だけでなく、人的資本や組織力、経営理念、顧客とのネットワークなど、財務諸表に表れない資産をいう【図表５－９】。

同社では知的資産を企業価値の源泉である「経営力」として捉え、自社の知的資産の内容をリスト化し、スコアリングすることで事業計画の実現力など計画に対する影響を評価している。

ＰＭＩも知的資産にフォーカスして、それぞれの現状認識と具体的な改善策の提示・実行を進めていくことになるが、同社ではM＆Aにおいて狙うターゲットが一貫しているため、複数企業の買収を進める過程でPMIの軸を固め、グループインした企業をさらに成長させるモデルを構築している。

ＰＭＩを成功させるためのもう一つのポイントとして、M＆A実施後の対象企業でのオペレーションが挙げられる。具体的には、譲受企業から譲渡企業へ送り込む経営者人材、および実務担当者の存在である。譲渡企業の内情をよく知るためには、やはり譲渡企業に常駐する人材が必要である。社内融和を目的に買収後も譲渡側の現経営者が引き続き経営を担うケースもあるが、長期間残ってもらうことは難しい場合が多い。特に事業承継M＆Aの場合は、現経営者の引退がM＆Aの動機になっていることも多いためである。したがって、経営者人材と現場レベルで業務を把握できる担当者を早期に送り込むことが肝要である。

関東に拠点を持つH社は、異業種のI社を買収した際、すぐに常駐の経営者（代表取締役）と総務・経理担当者を本社から派遣した。もともとI社はオーナー社長が経営を担ってきたが、高齢化に伴って日常的なマネジメントが難しくなり、それが従業員のモチベーション低下の要因にもなっていた。H社はそんな状況を改善するため、年齢の若い経営者候補をI社に派遣して常駐させた。また、現場で動いてもらう人材として総務・経理担当者も送り込み、現場でコミュニケーションを取らせた。その結果、弱っていたマネジメント機能が向上し、従業員の行動量も買収前より増えた。ＰＭＩを通じて従業員のリテンション（人材維持）が図られた好事例といえる。

Ｍ＆Ａは買収交渉の期間よりも、一緒になった後の期間のほうが圧倒的に長い。そもそも譲渡企業は持続的成長や事業存続を求めて相手を探しているわけで、譲受企業はＭ＆Ａ後の成長の姿を譲渡企業側に示していくことが求められる。より成長させてくれるオーナーの下で、再出発を図るために最も重要なフェーズがＰＭＩなのである。

第6章

譲渡側の視点で見た「成功」するM&A

1 成功するM&A＝〝高く売る〟は間違い

M＆Aでは買い手である譲受企業にスポットが当てられがちだが、ここから、もう一方の主役である譲渡企業の視点による「成功するM＆A」について考察していきたい。自社をできるだけ高く譲渡することが〝成功〟と捉えているオーナーは多い。しかし、その発想は間違いである。そもそも企業価値の高い企業であれば、必然的に譲渡価格は高くなる。交渉次第で高く譲渡することは、成功ではなく「結果」に過ぎない。譲渡企業から見たM＆Aの成功とは「親元から巣立ったわが子が無事に成長を続ける」ということに尽きる。オーナーが変わっても、従業員とその家族の幸せが保証され、顧客も以前と変わりなく製品・サービスの提供を受けられる。地域経済にも引き続き貢献できる。具体的にこのようなM＆Aを行うためには、当然ながら譲渡前から自社を磨き上げる必要がある。

（1）企業が行く道は「存続・売却・廃業・倒産」の四コース

企業は半永久的に、将来にわたって事業を継続していくことが前提である。これを「ゴーイングコンサーン（継続企業の前提）」という。一年間の業績で評価される企業が、なぜ無期限を前提とするのか。顧客、株主、従業員が存在する限り、会社は事業を続ける社会的使命と責任があるからだ。そもそも、「長く続けるつもりはない」「適当な時期にやめたい」という姿勢の企業が、身内や周りから信頼されるだろうか。結婚式で「永遠の愛を誓いますか」と聞かれて、「誓えません」と答える相手と結婚しようとは思わないだろう。存続させる気がない企業は、世の中に存在する意義を自ら否定しているようなものである。

企業は創業によって事業が開始され、その事業活動が続く限り企業は存続する。一見、当然のことを書いているようだが、実際に企業を存続させ続けることはきわめて難しい。例えば、商品（製品やサービス）にはライフサイクルがあり、同じ事業・商品が未来永劫にわたって利益を生み出し続けられるわけではない。事業が陳腐化したときに備えて、企業経営者は常に次の戦略を考えなければならない。また、事業をけん引してきた社長が高齢化を理由に引退すれば、これもまた事業存続の危機といえるだろう。それまでつくり上げた事業・組織・社会的価値を失う恐れがある。

企業がたどる道筋は四つしかない。「存続」「売却」「廃業」「倒産」の四コースいずれかである【図表6－1】。そして、どのコースを選択するかの大きな決定要素となるのが「事業承継」である。したがって、経営者は常に次の世代への承継を考える必要がある。ただ、一方で事業承継は「重

【図表6-1】企業を待ち受ける4つのコース

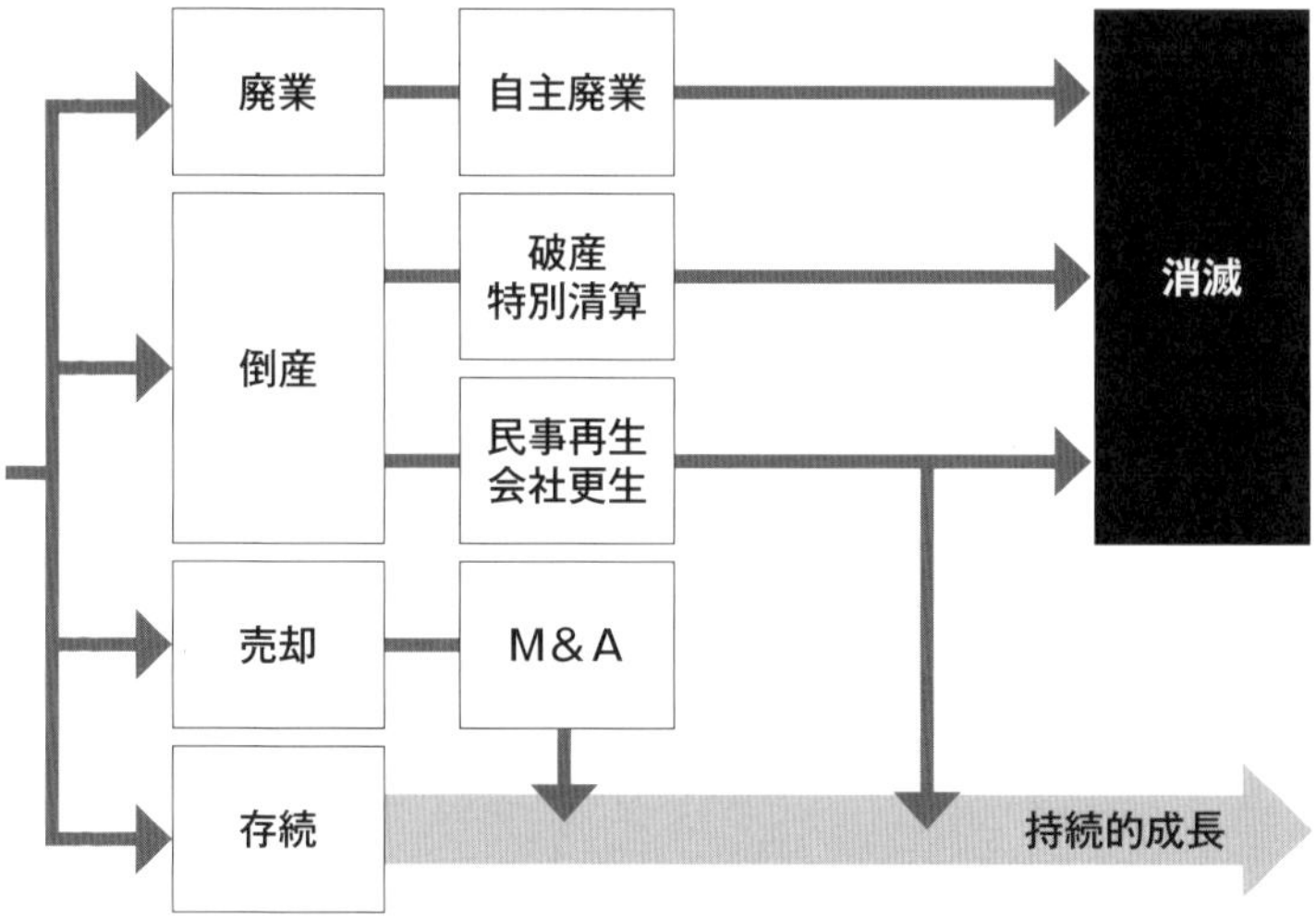

要度は高いが、緊急度は低い」とよくいわれる。まだ早い、まだ大丈夫だと思っていると、いざ目前に承継時期が迫ってきたときは手遅れの場合が多い。そうしたときに後継者が親族や社内外にいない場合は、会社の譲渡もしくは廃業を検討することになる。ただし、廃業費用を捻出できない、あるいは借入金の負担が大きいなどの理由でそのどちらの選択肢も実行できない場合、経営者が死亡すると事業継続の見込みが立たなくなり倒産せざるを得なくなる。

廃業と倒産（少数の民事再生・会社更生手続きを除く）の場合は、会社そのものが失われてしまう。特に、倒産は雇用する従業員、取引先、債権者などのステークホルダーに対し社会的責任を負うことにつながるため、絶対に回避しなければならない。一方、M&Aで第三者に会社を譲渡すれば、会社自体は存続できるのである。

(2) 譲渡企業に求められる三つの取り組み

会社を譲渡したいと考えているオーナーからこんな声をよく耳にする。「コレがあれば、アレがあったらウチの会社は成長する」。つまり、〝コレ〟や〝アレ〟がないから、あるところへ譲りたいということである。もちろん、自社の弱みを理解していることは経営トップとして必要であるが、買いたい会社を探している譲受側から見ると、「なぜ、あなたの会社はその弱みを解決できていないのか」という疑問が残る。成長M&Aを志向する譲受側は、弱みを解決できない企業を助けるために買収することはしない。仮に、救済するために買収し、その企業が成長したとしても、グループ全体の成長になんら寄与しなければ意味がない。買った企業に自社グループの経営資源が浪費されているだけだ。譲受側にシナジーが見込めなければ、たとえ黒字企業であっても魅力的なM&Aの対象先として映らないのである。

譲渡側にとって大切な視点は、譲受側から見て自社は投資先として魅力があるかどうかということだ。譲受側から「ぜひ、わがグループに」とアプローチされるためにも、譲渡側は最低限、次の三つの取り組みを進めるべきである。

まず一つ目は、家業から「企業」への脱皮を図ることだ。中小規模のオーナー企業では、親族の役員からの借り入れや社用車の私的利用などをよく見かける。これらは節税対策の一環として税法上の範囲内で行われているため、法律上は問題なさそうであるが、これらの手法を見直すことが第一歩となる。役員から借り入れをしなければ会社が回らないという状況では話にもならないので、まずその解消から取り組まなければならない。たとえ時間がかかっても、収益性を改善させ、資金をつくり、役員借入金の返済を目指す。つまり、どのような企業に引き継がれても問題のない会社づくりを行うことだ。オーナーの退任で組織や顧客の関係性が保たれない場合、譲受側はそれを「リスク」と認定する。すなわちM&Aのハードルとなる。長期的な目線でオーナー企業から脱却して、組織経営に移行する必要があるという認識を持つことである。

二番目に、その組織経営の根幹をなす組織づくりが必要である。これは、どのような承継パターン（親族内、社内、第三者）でも有効である。ただし、組織づくりや人材づくりはすぐにできるわけではない。数年をかけてつくり上げるものである。そのため長期にわたる承継計画、承継カレンダーを作成することをおすすめしたい。例えば、五〇歳代のオーナーであれば、何歳に自分は引退するのかを想定する。仮に七〇歳で引退するのであれば、そこから逆算することで残りの期間がわかる。その期間内に人材と組織の設計を行い、育成に投資するのである。

その過程で従業員が事業を引き継いでくれるのであれば、第三者承継ではなく社内承継（内部昇格）を行えばよい。

三番目は、財務基盤を安定させることである。当然であるが、借入金が多ければ多いほど、M＆Aではハードルとなる。現時点で借り入れ規模が大きい場合、ただちに収益性の改善に取り組み、返済を始めることをおすすめする。他方、なかなか返済が進まないのであれば、返済計画や事業計画を見直し、計画的な資金運用を行うことが必要である。

現在のM＆Aマーケットは「売り手市場」。譲渡企業の数は圧倒的に少ないが、だからといって希望の条件のM＆Aが成立するとは限らない。しかし、「オーナー経営からの脱却」「組織・人材づくり」「財務の安定化」という前述の三点をクリアできれば、譲受企業から見たリスクを抑えることができ、また足元を見られることなく、シナジーを創造できる企業グループに仲間入りできる可能性が高まることはいうまでもない。

2 譲渡側の置かれている状況――事業承継の手段としてのM&Aの活用

事業承継の方法は、「親族内承継」「社内承継」「第三者承継（M&A・IPO）」と三つに分類できる【図表6－2】。なお、これらの承継手法は優劣があるわけでもなく、優先順位が最初からついているわけでもない。各企業によって、順を追って検討していくか、同時並行で検討していくかは自由である。ただ、手法によっては結果が出るまでに長期間を要する場合があり、その点を考慮して経営者は「選択」をすることが求められる。

（1）親族内承継

親族内承継とは、オーナー企業の社長との関係性に着目した承継パターンである。すなわち、オーナーの親族（子・親戚）に自社（以降、対象会社という）の株式を承継する方法となる。加えて、対象会社の株式を承継するだけでなく、代表権も親族に承継するかを決めなければならない。株式を親族に譲渡するだけで、会社の代表取締役には古参役員や従業員を就任させる方法も選択肢として存在する。いわゆる〝雇われ社長〟である。このように「所有」と「経営」

【図表6-2】事業承継の3つのパターン

		メリット	デメリット
親族内承継		①先代のオーナーから親族が事業を引き継ぐため、スムーズな承継が可能。また創業家で資本と経営を維持できる（求心力） ②後継経営者の育成期間を確保しやすい ③税制面において、親族間での株式譲渡、贈与、相続等の優遇施策を活用することができる	①オーナーに子どもがいない場合、経営権を巡って血縁関係の遠い親族同士が争う（争続）可能性がある ②後継経営者に、経営者としての資質があるとは限らない ③先代オーナーが会長等で長く会社に残る場合、後継経営者が自身の方針を社内に浸透させにくい
社内承継		①事業をよく理解している役員・従業員へ会社を引き継ぐため、スムーズな承継が可能 ②外部の第三者を後継経営者として招聘するよりも従業員や取引先の理解を得やすい場合がある ③オーナーに子どもがいない場合の選択肢として、事業承継の選択肢が広がる。オーナー企業のカラーからの脱却も図れる	①後継経営者として所有と経営の両面に対応できる人材は限られる（適任者がなかなか見つからない可能性がある） ②オーナーだからこそ成立していた銀行保証や取引先との関係性を維持できなくなる可能性がある ③後継者不在はいったん回避できるが、後継人材輩出の仕組みを整備しないと、次世代でも事業承継問題が発生する
第三者承継	M&A	①親族内承継、社内承継が難しい場合の代替策として、短期間で後継経営者の問題を解決することができる ②自社単独では成し得なかった事業拡大（成長）を、譲受企業の経営資源を活用して実現できる可能性がある ③第三者へ株式を譲渡することで、株式を譲り受けるための資金問題が解決でき、かつオーナー家（創業家）の出口対策になる	①株式を譲り受ける相手先次第では、当初想定した経営方針と反する経営が行われる可能性がある（従業員の継続雇用、商号変更、取引先との関係解消等） ②思うような譲受企業が現れず、相手探しが難航して事業承継が進まない恐れがある ③IPOに比べ、オーナーの手元に残る利益が少ない傾向がある（ただしIPOが予定通りに進むことが前提）
	IPO	①上場することにより、知名度や信用力の向上による人材確保や組織・事業のさらなる成長が期待できる ②一定割合の株式を譲渡せずに手元に残すことで、IPO実行後も継続して経営に携わることが可能となる ③オーナー家の出口対策として、M&Aよりもオーナー家の手元に残る利益が多い場合もある（キャピタルゲインの増加）	①IPOに至る条件が複雑かつ長期にわたるため、監査を通過するまでの要件が非常に厳しい ②IPOでは有価証券報告書をはじめとする膨大な書類の提出が求められ、上場後の事務手続きが煩雑 ③IPO実現には一定の企業規模・利益が必要であり、監査にも多額の費用がかかる（上場後も“維持”が難しい）

を分離させる場合もある。

　まず、親族に株式および代表権を両方譲渡する場合を考えたい。この場合、親族に代表権を譲ることになるため、会社の運営も任せることとなる。そのため、後継者となる親族は、譲渡する一〇～二〇年前から対象会社の業務に従事することが必要となる。ある日突然、対象会社に従事していない親族に代表権を譲る場合、その親族にとっても事業を預かることに戸惑いが生まれるだろう。また、親族と従業員の間にも人間関係が構築されていないため、従業員からの不満や反発が想定される。この場合はデメリットが多く、おすすめできるやり方とはいえない。承継前から対象会社のことを「知る」ため、事業に従事させ、従業員との関係を構築する必要があるといえる。それゆえ、親族内承継は事前準備が必要な「時間がかかる手法」である。

他方、株式を親族に譲渡（相続）して対象会社の代表は従業員に任せる、「所有」と「経営」の分離パターンもある。この場合のメリットとしては、対象会社から得られる利益を創業家が配当という形で享受し続けられるメリットがある。リスクとしては、対象会社から得られる利益がいつまで続くか保証がない点にある。実務的には、オーナー一族の資産管理会社をつくり、対象会社の株式を保有させる。資産管理会社はこのままの状態であると、資産の中身を対象会社の株式が大半を占める株式保有特定会社となり、いわゆる「株特」に該当する。税務上のメリットを最大化させるため、対象会社の固定資産、例えば土地建物などを資産管理会社に移し、資産管理会社の資産における株式の割合を五〇パーセント未満にするなどの対策が必要となる。

また、今後は株主として、対象会社の経営を見守る必要がある。株主としての地位のみを保持し、経営には口を出さないという方法もあるが、株主として経営陣に意見をする場合もあり、その意味では、経営に関する知識および対象会社の事業への深い理解が必要となる。対象会社の役員陣の不正なども注視しなければならない。株主の立場で利益を享受し続けることができるのであれば、このような手法も有効であるといえる。単なる資産管理会社にとどまらず、経営体制の一つとして持ち株会社化する場合がホールディング体制である。

（2）社内承継

ここでいう「社内承継」とは、主に親族ではない役員・従業員への株式および経営権の譲渡を指す。役員や従業員に経営権を譲ることはさほど難しいことではない。例えば、役員を代表取締役に昇格させれば実現できるからである。問題は、これまで株式を保有していなかった他人に株式をどのように譲渡するのかということだ。オーナー側は、株式譲渡時にはキャピタルゲインを期待するはずであるが、一方の役員側は、高い価格の株式を買い取ることが難しく、買い取るには工夫が必要になる。

そのための手法（スキーム）として、ＭＢＯとＥＢＯを紹介する。

①ＭＢＯ（マネジメント・バイアウト）

まず、ＭＢＯである。ＭＢＯとは、対象会社の役員がファンドや金融機関から株式買取資金を調達し、オーナーが保有する株式を買い取り、対象会社の経営権を取得する方法である【図表６-３】。このスキームのメリットは、オーナーにとっては対象会社の保有株式を現金化することができ、経営権も譲渡できる点にある。オーナーは創業者利益を確定することが可能となる。また、対象会社の従業員にとっても事業を理解し、すでに人間関係ができている対象会

【図表 6-3】MBO のイメージ

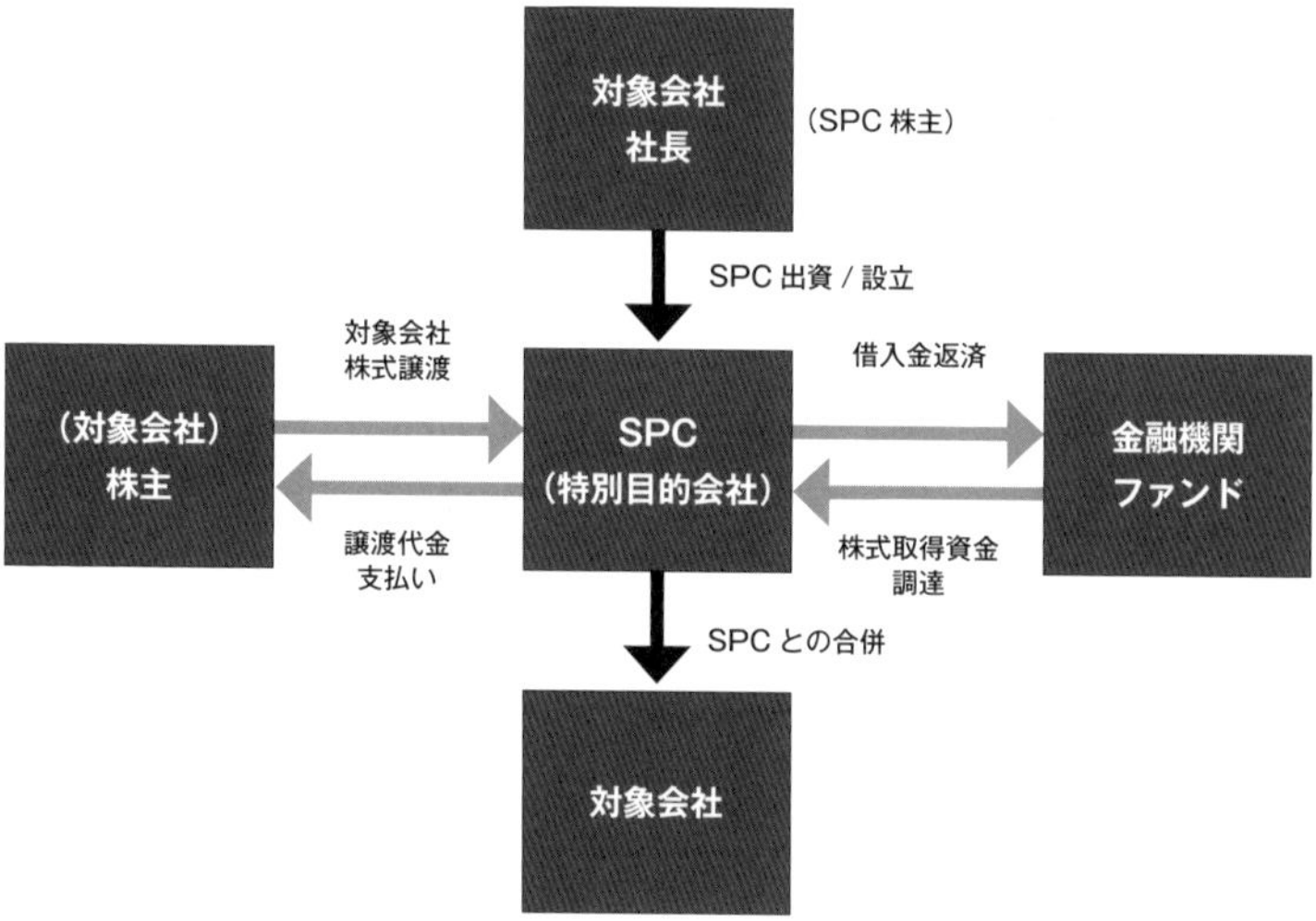

社の役員が新たな代表となるため、事業運営上、引き継ぎのハードルが低い。このスキームの課題としては、対象会社の収益力（返済力）にて金融機関から調達した借入金を返済するため、借り入れ返済の負担が発生する。

より細かいスキームを検証したい。まず、対象会社の株式を取得するためＳＰＣ（スペシャル・パーパス・カンパニー）と呼ばれる法人を設立する。ＳＰＣは「特別目的会社」といい、設立時点では事業を営んでいないＭＢＯスキームのための受け皿である。ＳＰＣの出資者は対象会社の役員である。オーナーが保有する対象会社の株式をＳＰＣに譲渡し、ＳＰＣは株式の購入資金を金融機関から調達する。この譲り受けにより、対象会社はＳＰＣの子会社となり、経営権を取得することができる。SPCが起こした借入金の返済は対象会社から吸い上げる配当が返済原資となる。金融機関は設立一年目のSPCに対してファイナンスを実行する。ただし、その際の信用力の前提となるのは、対象会社の将来的な収益力である。SPCの受け取る配当がしっかりと今後も担保されることが必要となる。資金調達が完了したSPCは最終的に対象会社と合併して、有利子負債はSPCから対象会社へ引き継がれる。本スキームによってMBOの実行が可能となるが、株式取得のための資金を外部調達するため、事業運営とは異なる性質の多額の有利子負債が増えることが難点である。事業成長のための調達ではないため、設備投資や運転資金のための調達をしたいときにMBOの調達負担により、ファイナンスが難しくなる可能性がある。

MBOのスキームは前述の通りであるが、MBOが成功するか否かはスキーム実行時にわかるわけではなく、役員陣が対象会社の経営をきちんと引き継ぎ、引き続き事業を成長させていけるかどうかである。創業家であるオーナーは全責任を背負って事業を行ってきた。従業員や従業員の家族、取引先、仕入れ先、外注先などのステークホルダーとの関係性の維持や金融機関からの借り入れに伴う連帯保証（個人保証）を引き継ぐには、対象となる役員陣に相応の覚悟が必要となる。役員陣の家族の理解も当然必要となる。役員陣の事業を引き継ぐ意志がこのスキームには不可欠である。

②EBO（エンプロイー・バイアウト）

続いて、ＥＢＯである。従業員が対象会社の株主になるスキームである。ＭＢＯとの違いは株主が従業員であるため、多数となる場合がある。ＭＢＯと近いスキームであるが、デメリットとしては株主が従業員のため、信用力に課題が残る点である。金融機関からの借り入れがスムーズに行われるように準備する必要がある。また、個人保証を誰が引き継ぐのかを決めなければならない。社内に目を向けると、定款や業務規程、人事規程などの各種規程をしっかりとつくり上げなければ、ガバナンスが効かなくなることがある。また、従業員が退職する際に、対象会社の株式をどのような形で引き継ぐのかのルールも整備しなければならない。新しく入社した従業員においても同様である。中堅・中小企業ではなかなかなじみのないスキームであり、活用する際にはメリット・デメリットの整理と、スキーム実行後のシミュレーションが不可欠である。

このように社内承継では、オーナーの持つ所有権と経営権をいかにして役員や従業員に引き継いでいくかが大きなポイントとなる。経営ができるか否かという資質の問題と、スキームの適切さという問題の両面からの調整が必要となる。

（3）第三者承継（M&A・IPO）

最後に、第三者承継について見てみよう。ここでは第三者承継について、「オーナーが保有する対象会社の株式を親族でも従業員でもない『第三者』（外部）に承継するもの」と定義する。オーナーは保有する株式を譲渡するため、創業者利益を確定することができる。また、株式を譲渡することと同時に経営権を譲渡することもできる。最近では、大手企業や中堅企業へ株式は譲渡するものの、経営権は引き続き現オーナーが社長として実行する場合も珍しくない。背景としては、二つの理由が考えられる。

まず譲渡側の理由として、オーナーの高齢化により、何かあったときのために株式だけはまず譲受先を決めておきたいという思いである。経営を引き続き行うことはできるが、自身に何か起こった場合のリスクを考慮して、株式譲渡を実行しつつ、経営は譲受側の要望に応じて継続するのである。続いて、譲受側の理由である。譲受企業も実は経営者候補を多数抱えているわけではない。すぐに対象会社に社長候補を送り込む人的余裕がない場合も多い。その際には、いったん、社長は変わらず前オーナーに担ってもらうのである。

このように、第三者承継にもいくつかのパターンがあることがわかるが、第三者承継の最も大きな背景としては、「オーナーの高齢化」と「事業承継の急務」がある。前オーナーが社長として継続するとしても、それは一時しのぎに過ぎない。やはり高齢である以上は、後継となる経営者を送り込む必要がある。これまで日本企業では、親族が家業を引き継ぐケースが多かった。しかし、帝国データバンクの調べ（二〇二三年）によると、社内承継（内部昇格）の割合は約三六パーセントで、親族内承継（同族承継）の約三三パーセントを上回る第一位となっている。「子どもには自分と同様の苦労をさせたくない」「やりたいことをやらせてあげたい」と思う経営者が、時代の流れとともに多くなったと推察される。また経営者の子どもたちも、父親・母親の背中を見て家業を引き継ぐべきかを考えるようになり、引き継ぎたいと思った場合は、二〇歳代や三〇歳代から家業を手伝い、家業の会社に就職する。一方、なかには経営者に負けず劣らずの社会的地位を獲得し、家業は継がないと宣言する子女もいるようである。そうなると、早急に次の手を考えないといけないのである。

前述の通り、社内承継もそう簡単な話ではない。段階的に役職と地位を上げ、経営者として育成しなければならない。能力以外にも対人関係や人格など、経営者となるための資質を磨き上げなければならず、一〇年近い育成計画が必要になる。また、会社を任せられる人材がいても、本人に意思確認をすると「社長にはなれません。自分には無理です」との回答を得たり、その従業員の家族の反対があったりと、さまざまなハードルがある。そのようななかでの解決策として、第三者承継の考え方が広がっていったのである。

第三者承継では、オーナーが保有する株式を譲受企業となる法人で取得することから、対象会社は譲受企業のグループ会社（子会社）となる。最近では、譲受企業がホールディング会社（持ち株会社）である場合も多い。その場合には、持ち株会社はグループの司令塔であるが、他のグループ会社と対象会社を横並びにすることにより、グループ会社間の優劣を意識させないようにして、対象会社をグループに入りやすくするよう配慮する企業もある。また、ホールディング体制は資本面で有効であるだけでなく、その機能を強化することにより、グループ全体を活性化させる能力を発揮する仕組みである。

M&Aを活用して、大手企業のグループやホールディング体制に入ることは、事業承継の課題解決に有効な選択肢となるのである。

なお、第三者承継の選択肢としてIPOについて簡単に紹介しておく。IPOとは「新規公開株式」や「新規上場株式」などと表現され、未上場会社が新たに証券取引所に株式を上場し、一般の投資家に向けて売り出すことを指す。IPOによって、それまでオーナー家やベンチャーキャピタルなど限られた人にしか持てなかった未上場企業の株式が、証券会社に口座を持っている人であれば誰でも株式市場を通して自由に売買できるようになる。現在、日本国内には主要な証券取引所として四つの証券取引所（東京証券取引所、名古屋証券取引所、福岡証券取引所、札幌証券取引所）があり、各証券取引所に市場が存在する。最も大きいのは東京証券取引所であり、二〇二二年四月にそれまでの東証第一部・第二部・マザーズ・ＪＡＳＤＡＱから、プライム・スタンダード・グロースの三市場へ再編された。また、これら三市場に加えて、審査基準がより簡素になっているＴＯＫＹＯ　ＰＲＯ　Ｍａｒｋｅｔがあり、非上場企業の中堅・中小企業を中心に新規上場に向けた準備が行われている。

二〇二三年一二月一日現在、通年で九六件のＩＰＯが実施されている（レコフ調べ）。ＩＰＯのメリットとして、本来の目的である資金調達だけではなく、上場により会社としての知名度と社会的信用の向上、社内管理体制の充実、人材獲得の優位性や従業員の士気向上などが見込める。また、上場により創業者はキャピタルゲインを得ることができ、市場での取引を前提として株式を一般投資家にも保有してもらえるようになる。さらに上場企業となることで、優秀な人材を集めて後継者を選ぶことも可能となるのである。

一方、デメリットとしては、外部の株主が入ってくるため株価を意識した施策が必要となる。また、上場維持のためのコストが増加したり、経営管理制度の過度な整備が経営の自由度を阻害したりする可能性がある。敵対的な株式公開買い付け（ＴＯＢ）への対策も求められる。

このように、株式を新規公開して一般投資家にも株式を保有してもらったり、信用力や知名度の向上を背景に後継者を立てやすくなったりする半面、管理面が非上場時よりも厳しくなるため、より社会の公器としての姿勢が問われることになるのである。

（4）大手企業との資本業務提携（グループイン）

自社を磨き上げる重要性を前節で述べたが、直近で相談が増えてきているのが、大手企業（中堅企業も含む）との資本業務提携（アライアンス）である【図表6－4】。TCGでは「大手企業へのグループイン」と呼び、大手企業との連携を通じて「資本政策」と「成長」を両立する施策として支援をしている【図表6－5】。

新型コロナウイルス感染症が一段落し、各企業ではアフターコロナの業績回復が最優先になっていると考えられるが、そのような状況のなかで、成長戦略の構築、新規事業開発、事業承継対策など重要な課題は山積している。経営者だけで考えるには時間もリソースも不足しているという中堅・中小企業は多いのではないだろうか。そのような状況下で、大手企業との資本業務提携を通じてバックアップを受けながら成長戦略や事業承継問題を解決することは、一定のメリットがあると考えられる。

大手企業との連携の目的としては、大手企業の経営資源を活用して戦略オプションを検討できる点や、後継者不在の企業において、事業承継対策になり得る点、大手企業の信用力を活用でき、従業員に安心感を与えることにつながる点などが挙げられる。一つ、事例を紹介する。

関東地方に拠点を構えるJ社（年商一〇億円）は、ちょうど事業承継の時期を迎えていた。

【図表 6-4】戦略的資本提携のイメージ

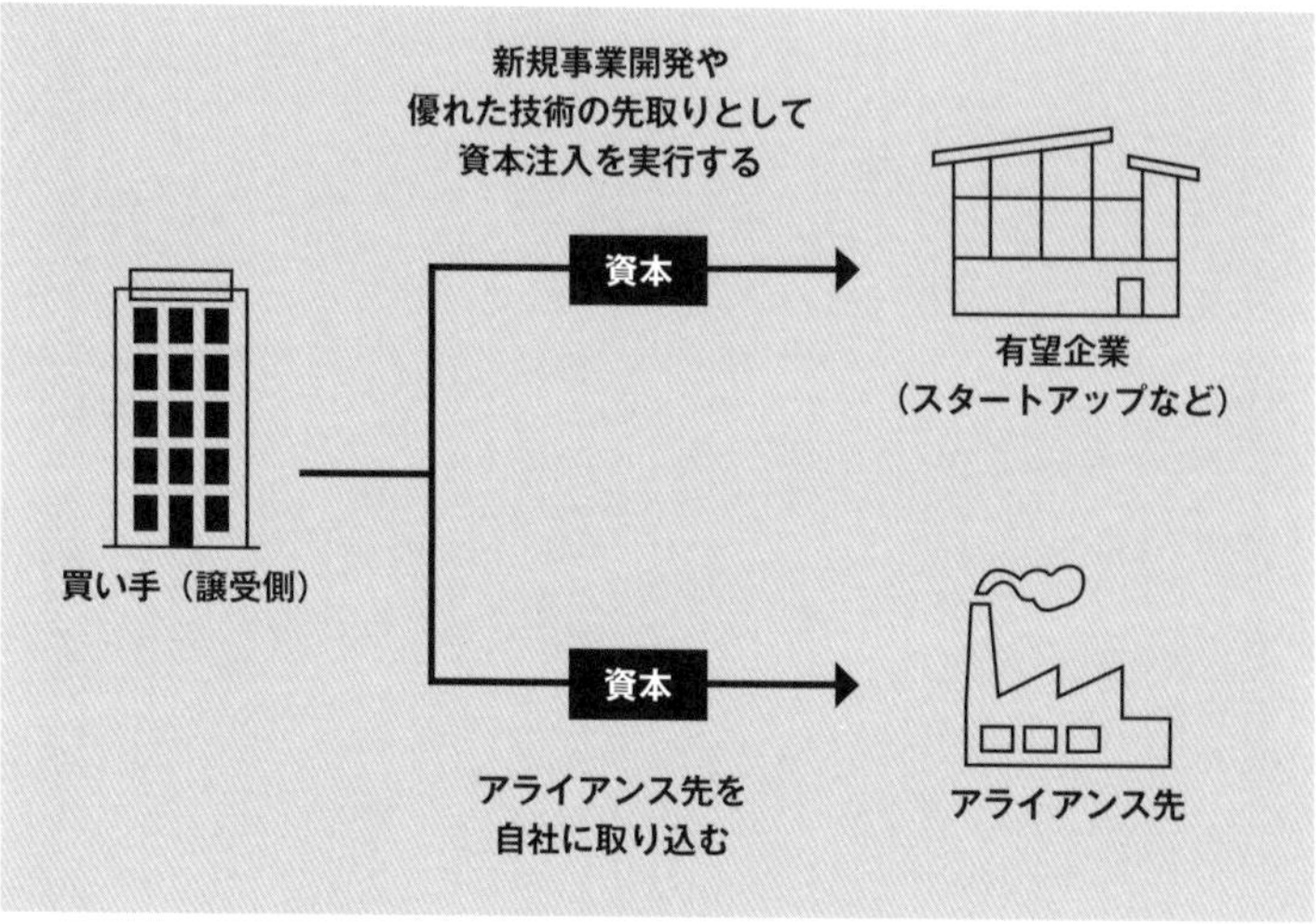

【図表 6-5】大手企業との資本提携のステップ

【Step 1】提携方法の検討

①解決したい課題の洗い出し
・事業（営業）上の連携
・事業承継対策
・資本力・信用力の強化
…etc

②候補先のピックアップ
・同業大手
・異業種
・ファンド

※事業面での協業を想定するなら大手同業他社、経営面のバックアップを期待する場合は異業種やファンドも選択肢となり得る

【Step2】候補企業との交渉

①資本金
→資本業務提携に当たって、マイノリティー出資から交渉する（一種の安定株主）

②事業面
→協業分野の開拓や、自社で不足している経営資源を供給してもらう

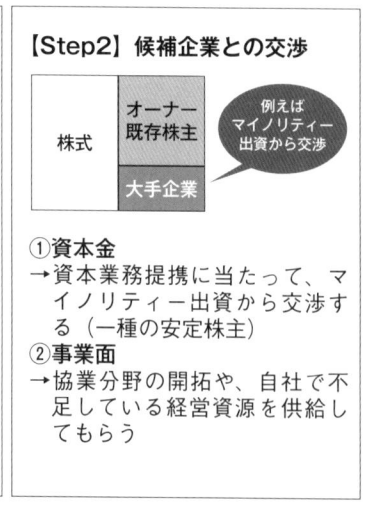

社長の年齢も七〇歳を超えており、あと数年はやれるが、そこから先の経営を引き継ぐ後継者が社内にも見当たらなかったため、M＆Aを検討していた。社長の懸念点としては、事業内容が「機械装置の製造販売」というニッチな分野であったため、別の会社に引き継いだとしても、これまでにJ社が培ってきた保有技術やノウハウが本当に活用されるのかということであった。また、いきなりM＆Aを実行して従業員が退職しないかという心配もあった。そこでJ社が選択したストラクチャーは、業務提携後に順次持ち分を譲渡していく段階的株式譲渡であった。

現状はまだ社長自身も事業に携わることが可能なため、業務提携契約を締結し、一年後に保有株式の過半数以上または全株を譲渡するという内容で譲受企業と交渉を行った。譲受候補を二社（年商一〇〇億～二〇〇億円前後の企業）にまで絞り込み、業務提携時の提携業務のイメージとその後の株式取得時の要件について各社と話をした。J社の事業内容にある程度の見識があり、協業においては人材（特に技術者）を融通してくれる候補先と優先して話を進めた。最終的には、まず一年間は業務提携を進め、その後の株式譲渡比率については業務提携期間中の両社の取り組みの親和性や従業員の意見などをもとに判断することとした。

ポイントは、業務提携から入る「段階的株式譲渡」である。譲渡企業にとっての利点は、譲受企業との相性を確認できる点である。最初に一〇〇パーセントの株式譲渡をしてしまうと、その後両社の間で企業風土の違いや事業内容（または技術レベル）が合わないことが判明しても引き返すことが難しい。その点、まず業務提携から入れば互いを知ることが可能になる。また、社長にとっても、もうしばらく事業に携わっていたいという思いを実現することができる。すでに譲受企業との話は始まっているため、もし社長の身に何かあった場合でも、譲受企業がそのまま全株式を引き受けてくれるバックアップにもなるのである。

譲受企業にとっても、このストラクチャーはメリットがある。一〇〇パーセント、グループインするまで時間は要するが、譲渡企業がどのような会社かを見極める期間が得られる。また、業務提携から入ることで、「譲渡」に対する心理的なハードルを下げて、譲渡企業と交渉することが可能となる。単なるM&Aではなく、シナジーを生み出すための施策として、業務提携や資本業務提携を活用することも有効である。

（5）持続的な企業価値向上を目指す「MIRAI承継」の思考

M&Aにおける「成功」とは、企業を次世代に「つなぐ」ことである。そこには単なる事業承継の発想だけではなく、戦略や組織設計、人材育成などのさまざまな打ち手が必要となる。これまで事業承継では、株式の承継や節税、後継者の確保といったオーナー個人の事情に配慮したスキームが多かったように思われる。しかし、事業承継の本旨は、引き継いだ会社をさらに成長させていくこと、すなわち「継続的な企業価値の向上」である。

【図表 6-6】MIRAI 承継の考え方

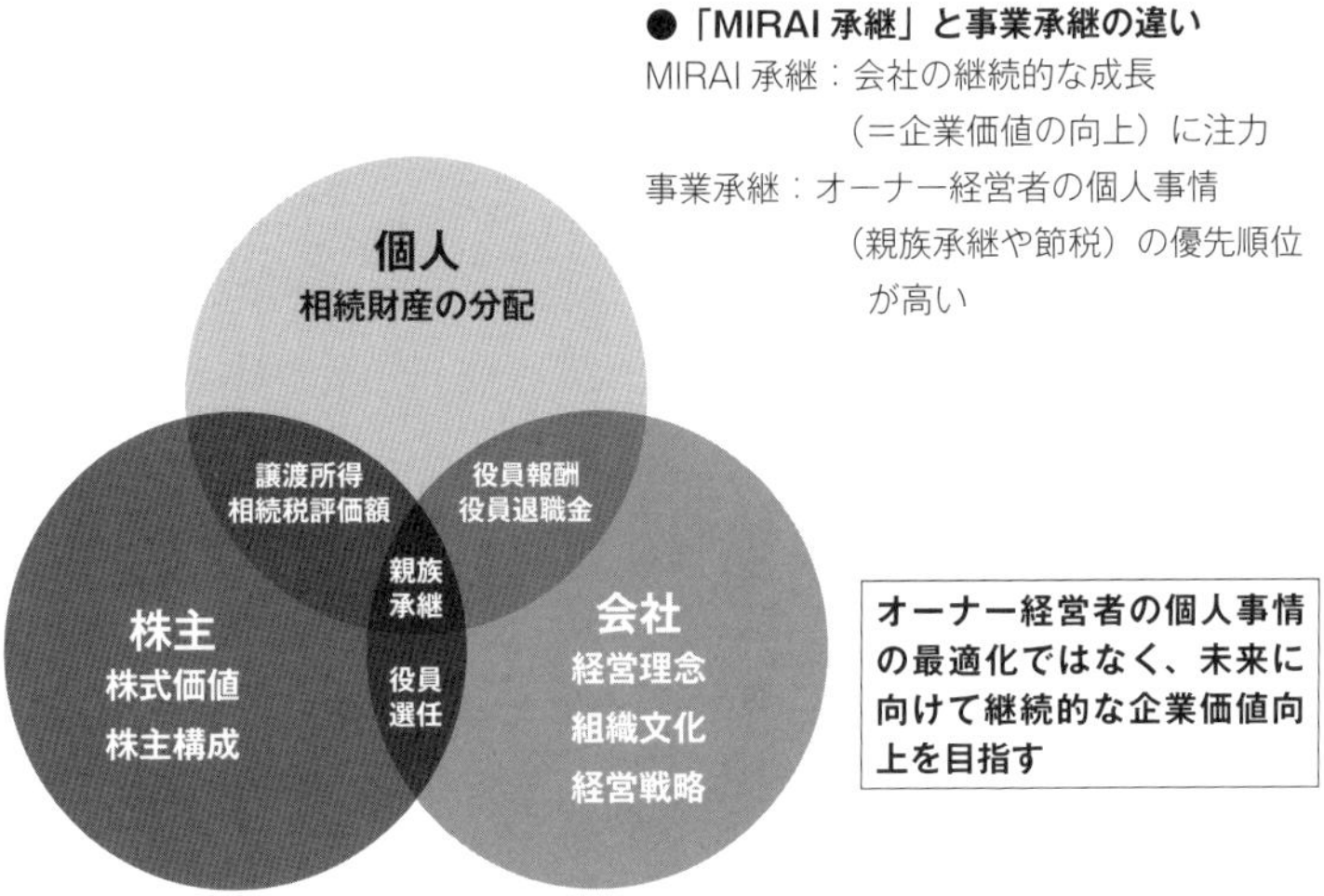

ＴＣＧでは、継続的な企業価値の向上を実現するため、資本の承継だけでなく事業・組織・人材・経営システムなど経営全体をデザインすることを、「ＭＩＲＡＩ承継」と呼んでいる。事業承継という一時期のみにフォーカスするのではなく、その前後の時間も含めて対策を検討することが、企業価値の向上には不可欠なのである【図表６‐６】。経営者の皆様には、ぜひそうした視点を持った上でＭ＆Ａに取り組んでいただきたい。

おわりに

本書では、M&Aについて主に譲受企業（買い手）の視点から、「経営」と結びつけながら執筆を行った。巷に流通するビジネス書や財務会計の専門書では、M&Aを類型化して捉えようとする傾向が見られる。しかし、筆者はさまざまなM&Aコンサルティングを手掛けてきたが、これまで一つとして同一ケースのM&Aに出合ったことはない。M&Aという手法が広がれば広がるほど、当事者間や当事者とM&Aブティックの間でアレンジが加えられ、進め方も多種多様化しているように感じる。

M&Aの取引で最も難しいところは、その対象が「企業」や「事業」であるという点だ。不動産のような価格設定のものさしがあるわけではない。進め方の参考はあるが、決まったルールがあるわけでもない。これだけの取引規模とマーケットがある業界なのに、行政から規制を受けずに、業界団体のみが存在している状況というのは、ある意味、異質である。それゆえ、点在する各分野の法令やルールを組み合わせて、「総体的に」取引内容を組み上げていく必要がある。それこそまさに、M&Aが「ビジネスの総合格闘技」と呼ばれるゆえんである。

一方、二〇二三年九月に「中小M&Aガイドライン」が経済産業省・中小企業庁によって改訂された。この背景には、中堅・中小企業のM&Aが世の中で認知されたことに伴って、国や産業界が「適正な運用がなされるべきである」と考え、動き始めた証左ともいえる。

そうしたなか、筆者はM&Aの書籍執筆に際し、どの層に本書をお届けするべきかを社内で深く議論した。書店に並ぶM&Aの専門書は難解な内容が目立ち、M&Aの支援を生業とするM&Aアドバイザーや、会社を高値で売り抜けたい経営者を対象とした本が多い印象を以前から持っていたからだ。実際、M&Aマーケットでは譲受側の数に比べて譲渡側の数が圧倒的に少ない。したがって、「どのように自社を高く早く売るか」「いかにしてM&Aを成功させるか（＝M&Aアドバイザーとしての評判を上げるか）」という内容の本が多いのも理解できる。

しかしながら、譲受側と譲渡側が納得するM&Aを成立させるために何が必要かを議論すると、そもそもの目的である「M&Aで何を実現したいのか」を双方の経営者に明確にしてもらう必要がある、という原点に常に行き着いたのである。そのような経緯から、本書では譲受側と譲渡側のいずれの視点も取り入れながら、会社や事業の成長戦略の手段として活用するためのM&Aについて述べた。

また、本書の中では、「戦略×成長M&A」と「MIRAI承継」という二つの考え方を紹介している。「戦略×成長M&A」は、企業価値を向上させるためには戦略に基づく成長M&Aの実行が不可欠であり、譲受企業にとっては示唆に富む考え方となっている。一方、「MIRAI承継」では、資本は変わっても経営は引き継がれることを念頭に、経営をつなぎながらさらなる成長を目指すという譲渡企業にとって示唆に富む考え方となっている。M&Aはこの二つのコンセプトを両輪として、譲受企業と譲渡企業が出合うことでシナジーが生まれ、新たな変化が起こるのである。

筆者は「戦略なくしてM&Aなし」という言葉を、コンサルティングや講演の場でよく話している。縁があって譲受側と譲渡側が巡り合うことは、タイミングの問題もあり、ある種の奇跡といってもいい。ただ、この奇跡は偶然でも結果論でもない。日ごろから経営を通じて出合うための準備をしてきたことに尽きる。譲受側は戦略のなかで、M&Aを想定して準備を重ねることにより、出合える確率を高められるのである。そして互いに思いを語り、理解し合いながら企業（事業）の存続・成長を実現させていくM&Aは、非常に社会貢献価値の高い手段であると筆者はあらためて感じている。本書の出版により、M&Aを活用して成長を実現する企業が増えていくことを願ってやまない。

本書で紹介している企業事例や考え方は、タナベコンサルティングのM&Aコンサルティング事業部メンバーが経験・蓄積した、企業現場での実例に基づいて執筆している。そうしたクライアント企業の存在と経営者や従業員の方々のご協力なくして本書は完成し得なかった。この場を借りて御礼申し上げたい。

また、本書の出版にご尽力いただいたダイヤモンド社花岡則夫編集長、松井道直氏、編集にご協力をいただいたクロスロード安藤柾樹氏、装丁をご担当いただいた斉藤よしのぶ氏に心より感謝を申し上げたい。そして、本書執筆の機会をいただいたTCG若松孝彦社長、長尾吉邦副社長、南川典大専務、筆者とともにM&A事業をつくり上げてきたM&Aコンサルティング事業部メンバー諸氏、そして上梓に当たってスケジュールの調整などで多大なるご支援をいただいた戦略総合研究所の皆さんをはじめ、多くの方々からご協力をいただいたことに対し深く感謝を申し上げる次第である。

タナベコンサルティング 執行役員　丹尾 渉

［著者］

タナベコンサルティンググループ
タナベコンサルティング／執行役員
M&Aコンサルティング事業部担当
丹尾 渉（にお・わたる）

2015年タナベ経営（現タナベコンサルティング）入社後、収益・財務構造改革を中心に、資本政策や組織再編コンサルティングなどに従事。2017年からM&Aコンサルティング本部の立ち上げに参画。M&A戦略構築からアドバイザリー、PMIまでオリジナルメソッドを開発。その後6年間で延べ100件以上のM&Aコンサルティングに携わる。「戦略なくしてM&Aなし」をモットーに、大手から中堅・中小企業のM&Aを通じた成長支援を数多く手掛けている。

［監修］

戦略総合研究所

タナベコンサルティンググループにおける「チームコンサルティング」のナレッジ集約、メソッド開発、調査・マーケティング、およびテクノロジーを活用したDXサービスの研究開発等を行う。国内の大企業、中堅企業を中心に、各種レビュー・コンテンツをメディア発信している。

タナベコンサルティンググループ（TCG）

「日本の経営コンサルティングのパイオニア」と呼ばれる経営コンサルティングファーム。全国に約600名のプロフェッショナル人材を擁し、大企業・中堅企業の戦略策定からマネジメント実装まで一気通貫で支援する経営コンサルティングのバリューチェーンを構築。グループで支援した企業は約1万7000社。「ストラテジー」「DX」「HR」「M&Aファイナンス」「ブランディング」等でチームコンサルティングを提供している。

M&A成長戦略

2024年3月26日　第1刷発行

著者———丹尾 渉
監修———戦略総合研究所
発行所——ダイヤモンド社
〒150-8409　東京都渋谷区神宮前6-12-17
https://www.diamond.co.jp/
電話／03･5778･7235（編集）　03･5778･7240（販売）
装丁————斉藤よしのぶ
編集協力——安藤柾樹（クロスロード）
製作進行——ダイヤモンド・グラフィック社
DTP————伏田光宏（F's factory）
印刷————新藤慶昌堂
製本————ブックアート
編集担当——松井道直

ISBN 978-4-478-11928-0